"El comentario de Phil Cary sobre el credo niceno exhibe dos virtudes: la claridad y la brevedad, que conllevan una tercera: la utilidad. Tenemos aquí una introducción verdaderamente atractiva a la fe que una vez fue entregada a los santos en el bautismo y declarada continuamente en todo el mundo en la confesión de la iglesia".

—Scott R. Swain,
presidente y profesor James Woodrow Hassell
de Teología Sistemática,
Seminario Teológico Reformado

"Resumir la fe cristiana en poco más de 200 páginas no es tarea fácil. Hacerlo a la vez que se desgrana el lenguaje técnico de uno de los credos más antiguos del cristianismo es casi insondable. Sin embargo, Phillip Cary lo ha conseguido. Su pequeño libro de mano sobre el credo niceno consigue ser erudito, perspicaz e interesante, todo a la vez. Frase por frase, desentraña el significado de las palabras que muchos consideran aburridas, utilizando un lenguaje llamativo y coloquial. Entretejido con la Escritura, este libro hará cosquillas a su imaginación mientras amplía su vocabulario y fortalece su fe en el Hijo unigénito del Padre que bajó del cielo para dar vida a un mundo moribundo".

—HAROLD L. SENKBEIL,
autor de *El cuidado de las almas*

"Con su característica prosa viva, su estilo atractivo y su entrañable ingenio, Phil Cary nos lleva a un paseo por la historia de los acalorados debates sobre la naturaleza de la fe cristiana, afirmaciones que forjaron los credos. Nos expone el razonamiento teológico en el que se basan las decisiones conciliares y sus ramificaciones para la salud espiritual. Este volumen, que es completo y accesible, ayudará a los fieles que recitan el credo a comprender mejor lo que confiesan. Asimismo, desafiará a aquellos que son escépticos sobre la función y el origen de los credos, empujándolos a reexaminar sus suposiciones. Muy recomendable para adultos de todas las edades y etapas, tanto para grupos de estudio parroquiales como para el aprendizaje personal".

—KATHRYN GREENE-MCCREIGHT,
sacerdote afiliada, Christ Church, New Haven;
directora espiritual, Programa Annand, Yale Divinity School

"El libro de Phillip Cary es mucho más que un comentario frase por

frase sobre el credo niceno; es mi nuevo libro favorito de teología sistemática. Es cuidadoso y erudito, pero con el estilo de Cary. Recientemente se han escrito varios libros que destacan la importancia de los credos y las confesiones. Y con razón. La iglesia, más allá de las denominaciones, se encuentra a la deriva en un gran mar que busca el lugar adecuado para echar el ancla. Carl Truman escribió famosamente que "la Escritura es la norma normalizadora, los credos son la norma normalizada". Tiene razón, y lo que el Dios trino ha hecho por su creación se resume en el credo niceno. Phillip Cary desenvuelve bellamente este tesoro. Puede leerse como devocional diario o en pequeños grupos, o será un recurso de biblioteca al que los pastores acudan primero en sus preparaciones para predicar y enseñar".

—REV. CAN. CHUCK COLLINS,
director del Centro para el Anglicanismo de la Reforma

"Durante más de mil años, la iglesia de todo el mundo confesó conjuntamente el Credo de Nicea. Ser cristiano significaba adorar la Trinidad de las Escrituras; una Trinidad que nuestros Padres de la Iglesia describían en el credo con claridad ortodoxa frente a la amenaza de la herejía. Qué extraño —de hecho, qué triste— admitir que muchos cristianos hoy en día nunca han leído o confesado el credo niceno. Algunos ni siquiera han oído hablar de él. El libro de Phillip Cary es una cosecha en un tiempo de hambruna. Con una precisión que no renuncia a la accesibilidad, Cary no solo explica cada palabra del credo niceno, sino que convoca a la iglesia de hoy a unir sus brazos con los hermanos y hermanas de ayer para confesar una Trinidad sin la cual no tenemos cristianismo. Mi más sincera oración es que cada cristiano lea este libro".

—MATTHEW BARRETT,
autor de *Simply Trinity*;
profesor asociado de Teología Cristiana
en el Seminario Teológico Bautista del Medio Oeste

# El credo
# NICENO

## Una introducción

**Colección Raíces**

## Phillip Cary

Editorial **CLIE**

**EDITORIAL CLIE**
C/ Ferrocarril, 8
08232 VILADECAVALLS
(Barcelona) ESPAÑA
E-mail: clie@clie.es
http://www.clie.es

CLIE

**EL CREDO NICENO**
**Una introducción**
ISBN: 978-84-19779-97-7
Depósito Legal: B 3842-2025
Iglesia cristiana - Historia
REL108020

*En agradecimiento a los pastores y a la gente*
*de la iglesia Good Samaritan, Paoli,*
*y de la iglesia de St. Mark's, Filadelfia*

# Índice

# Abreviaturas

## Libros de la Biblia

### Antiguo Testamento

| | |
|---|---|
| Gn | Génesis |
| Ex | Éxodo |
| Lv | Levítico |
| Nm | Números |
| Dt | Deuteronomio |
| Jos | Josué |
| Jc | Jueces |
| Rt | Rut |
| 1 S | 1 Samuel |
| 2 S | 2 Samuel |
| 1 R | 1 Reyes |
| 2 R | 2 Reyes |
| 1 Cr | 1 Crónicas |
| 2 Cr | 2 Crónicas |
| Esd | Esdras |
| Neh | Nehemías |
| Est | Ester |
| Jb | Job |
| Sal | Salmos |
| Pr | Proverbios |
| Ec o Qo | Eclesiastés o Qohelet |
| Ct | Cantares |
| Is | Isaías |
| Jr | Jeremías |
| Lm | Lamentaciones |
| Ez | Ezequiel |
| Dn | Daniel |
| Os | Oseas |
| Jl | Joel |
| Am | Amós |
| Ab | Abdías |
| Jon | Jonás |
| Mi | Miqueas |
| Na | Nahúm |
| Hab | Habacuc |
| So | Sofonías |
| Hag | Hageo |
| Za | Zacarías |
| Ml | Malaquías |

### Nuevo Testamento

| | |
|---|---|
| Mt | Mateo |
| Mc | Marcos |
| Lc | Lucas |
| Jn | Juan |
| Hch | Hechos |
| Rm | Romanos |
| 1 Co | 1 Corintios |
| 2 Co | 2 Corintios |
| Gl | Gálatas |
| Ef | Efesios |
| Flp | Filipenses |
| Col | Colosenses |
| 1 Ts | 1 Tesalonicenses |
| 2 Ts | 2 Tesalonicenses |
| 1 Tm | 1 Timoteo |
| 2 Tm | 2 Timoteo |
| Tt | Tito |
| Flm | Filemón |
| Hb | Hebreos |
| St | Santiago |
| 1 Pd | 1 Pedro |
| 2 Pd | 2 Pedro |
| 1 Jn | 1 Juan |
| 2 Jn | 2 Juan |
| 3 Jn | 3 Juan |
| Jd | Judas |
| Ap | Apocalipsis |

# Oración

Cuando el Espíritu de verdad venga,
los guiará a toda la verdad...
él me glorificará,
porque tomará de lo mío y se lo hará saber a ustedes...
Todo lo que tiene el Padre es mío
Juan 16:13-15

Gloria a Dios en las alturas
y paz a su pueblo en la tierra.

Señor Dios, rey celestial,
Dios y Padre todopoderoso,
te adoramos,
te damos las gracias,
te alabamos por tu gloria.
Señor Jesucristo, Hijo único del Padre,
Señor Dios, cordero de Dios,
quitas el pecado del mundo:
ten piedad de nosotros;
tú estás sentado a la derecha del Padre:
recibe nuestra oración.

Porque solo tú eres el Santo,
solo tú eres el Señor, solo tú eres el Altísimo,
Jesucristo,
con el Espíritu Santo,
en la gloria de Dios Padre.
Amén.

Padre del cielo, que en el bautismo de Jesús en el río Jordán lo proclamaste como tu Hijo amado y lo ungiste con el Espíritu Santo: haz que todos los que son bautizados en su nombre caminen en una vida nueva y lo confiesen con valentía como Señor y Salvador; que contigo y el Espíritu Santo vive y reina, un solo Dios, en la gloria eterna. *Amén.*

# INTRODUCCIÓN:
## Marco histórico

El credo niceno se originó porque los antiguos cristianos estaban consternados. Un maestro de una de las iglesias más influyentes en el mundo intentaba que hablaran de Cristo y dijeran cosas como "hubo un tiempo en que él no existía" y "vino a ser de la nada". Tenían buenas razones para horrorizarse. Los cristianos adoran a Jesucristo como Señor, exaltado a la derecha de Dios Padre todopoderoso. Decir que "hubo un tiempo en que él no existía" sería decir que no es eterno como Dios Padre, que surgió de la inexistencia al igual que todas las criaturas de Dios. Eso significaría que no es realmente Dios en absoluto, sino una de las cosas que él hizo. Decir esto sería decir que lo que los cristianos han estado haciendo todo el tiempo, adorando a Jesús como Señor, es el tipo de cosas que hacen los paganos: adorar algo que no es completa, verdadera y finalmente Dios. El credo niceno fue escrito para decir *no*, en los términos más fuertes posibles, a ese tipo de paganismo cristiano.

Dice *no* diciendo *sí* a quién es Dios realmente, a quién es Jesús. Afirma lo esencial de la fe cristiana en Dios Padre y en su Hijo eterno, Jesús nuestro Señor, y añade también algunos aspectos esenciales sobre el Espíritu Santo. Y, a veces, dice quién es Dios diciendo lo que ha hecho para que seamos lo que somos: criaturas de Dios a las que levanta de la muerte a la vida eterna en Cristo. Así pues, el credo es una declaración fundamental del evangelio de Jesucristo, que es Dios en carne y hueso, que baja del cielo por nosotros y por nuestra salvación, para que podamos participar en su reino que no tiene fin.

El *no* es importante por el *sí*. Decir *no* es trazar un límite y decir: no vamos a ir allí, porque eso no es lo que es Cristo. Las falsas enseñanzas sobre quién es Cristo nos alejan de la fe en el Cristo real y nos dan un sustituto falso. Significa predicar un evangelio diferente al que nos llega de los apóstoles de nuestro Señor, por lo que el apóstol Pablo llega a decir: el que enseñe otra cosa sea *anatema*, maldito (Gl 1:9). Haciendo caso al apóstol, el Concilio de Nicea en el año 325 d. C. compuso un credo que es el precursor del que estudia este libro, y añadió anatemas, maldiciones solemnes contra cualquiera que enseñe cosas como "hubo una tiempo en que él no existía" o "vino a ser de la nada". No nombraba a Arrio, el hombre que enseñaba esto, porque su propósito —como el de Pablo— no era condenar a un hombre en particular, sino excluir lo que enseñaba. Arrio era siempre libre de cambiar de opinión, de arrepentirse, de someterse al juicio del Concilio y de enseñar la misma verdad. Pero los verdaderos herejes son obstinados (no se puede ser hereje solo por estar equivocado; hay que persistir en enseñar su error a la iglesia incluso después de ser corregido) y finalmente la doctrina que tomó forma en oposición al Concilio de Nicea llegó a conocerse como arrianismo, una de las herejías más famosas de la historia de la iglesia.

Pero este libro no trata de una herejía, sino de la verdad: el evangelio de Jesucristo enseñado por el credo que surgió de la fe nicena. Es un libro para los cristianos que quieren comprender mejor su propia fe y así crecer en el conocimiento de Dios, aprendiendo lo que los antiguos maestros de la fe nicena tenían para darnos.

El Concilio de Nicea, que da nombre al credo niceno, fue una reunión de obispos en el año 325 d. C. Se reunieron en la ciudad de Nicea, en Asia Menor, que es ahora la ciudad de Iznik, en Turquía. Está a poco más de cincuenta millas en línea recta de Estambul, la ciudad que se llamaba Constantinopla cuando era la capital del Imperio romano de Oriente. Roma fue derrotada un siglo después del Concilio de Nicea y el Imperio romano de Occidente se desintegró gradualmente, pero el Imperio de Oriente permaneció durante otros mil años y se convirtió en lo que se conoce como el Imperio bizantino, por Bizancio, el nombre anterior de Constantinopla. Constantinopla significa "la ciudad de Constantino", el emperador romano que la convirtió en su capital en el año 330 d. C. y que también convocó a los obispos al Concilio de Nicea en el año 325 d. C.

El de Nicea llegó a ser reconocido como el primer concilio ecuménico, del sustantivo griego *oikoumene*, o *ecumene* en latín, que significa "todo el mundo habitado". Un concilio ecuménico es un concilio para la iglesia de todo el mundo, la iglesia de la *ecumene*. La idea era nueva, pero las reuniones en concilios no lo eran. Los obispos cristianos, los líderes de las iglesias locales, se habían reunido durante años en concilios regionales o sínodos (de *synodos*, que es simplemente la palabra griega para "consejo"). Esta era una forma importante de mantener el orden en las iglesias y de conservar la fe. Un obispo tenía la tarea de preservar la fe tal y como se transmitía en la iglesia de su ciudad desde la época de su fundación. El nombre de esta transmisión en latín es *traditio*, de donde se deriva la palabra "tradición". Fue una trasmisión que comenzó en algunos lugares, como Jerusalén, Roma y Antioquía, en los primeros días del cristianismo, antes de que se escribiera el Nuevo Testamento. Si había una grave discrepancia en la enseñanza o en la práctica eclesiástica entre una ciudad y otra, los obispos podían reunirse en un sínodo para arreglar las cosas. El Concilio de Jerusalén, por ejemplo, se reunió para resolver las disputas sobre la forma en que las iglesias que crecían a partir de la obra misionera de la iglesia de Antioquía estaban manejando las cosas (Hch 15:1-35). En ese caso, la cuestión candente era cómo incorporar a los creyentes en Cristo que no eran judíos a la comunidad de la iglesia. En este caso, en Nicea, el asunto era cómo excluir la enseñanza de Arrio de las iglesias de todo el mundo.

El modo más importante en que los obispos lo hacían era redactar una confesión de la fe cristiana, que es lo que significa un credo. Antes de esta época, los credos se transmitían oralmente y no por escrito, ya que a las personas que venían a Cristo se les enseñaba alguna forma de confesión que debían afirmar cuando eran bautizadas. Era una forma de decir a qué se comprometían al unirse al cuerpo de Cristo. La confesión de fe que hoy conocemos como el Credo de los Apóstoles, por ejemplo, tomó forma originalmente en Roma como una confesión bautismal oral.[1] Cada ciudad tenía su propia confesión tradicional, transmitida a través de generaciones de obispos, con muchas pequeñas variaciones. Pero todas seguían un patrón triple, de modo que todos los habitantes de la *ecumene* se bautizaban en el nombre del Padre, del Hijo y del Espíritu Santo, como mandaba nuestro Señor (Mt 28:19). Lo que sucedió en Nicea es que una de estas confesiones locales no escritas fue adaptada con algunas adiciones, dirigida específicamente contra la enseñanza de Arrio, para proporcionar un credo único para toda la *ecumene*.

El credo que se presenta en este libro es la confesión de fe más utilizada en el mundo cristiano. No es el original credo niceno del año 325 d. C., sino una confesión ampliada formulada en el Concilio de Constantinopla del año 381 d. C. y aceptada oficialmente como

---

[1] Para la historia de los credos, sigo el estudio clásico de J. N. D. Kelly, *Early Christian Creeds*, 3.ª ed. (*Continuum*, 1972), aquí capítulo 4.

declaración de la fe nicena en el Concilio de Calcedonia del año 451 d. C.[2] En aras de la exactitud histórica, los académicos suelen darle un nombre largo, como "credo niceno-constantinopolitano", pero yo utilizaré el nombre más familiar de "credo niceno", que concuerda con la razón por la que fue aceptado por la iglesia en todo el mundo: es una forma más completa de confesar la misma fe que el Concilio de Nicea. Por lo tanto, para los efectos de este libro, así como en el uso ordinario de la iglesia, la etiqueta "credo niceno" designa un texto diferente del "credo de Nicea". Junto con una serie de pequeñas diferencias, el credo niceno omite algunas cosas del credo de Nicea, incluyendo los anatemas, y añade mucho a lo que se dice sobre el Espíritu Santo. El resultado es una confesión ampliada de la fe nicena, y, como tal, ha llegado a ser aceptada como el credo ecuménico, la confesión de la fe nicena de toda la *ecumene*, y se incorpora al culto habitual de la gran mayoría de los cristianos de todo el mundo, incluidos los ortodoxos orientales, los católicos romanos y la mayoría de los protestantes que utilizan una liturgia regular.

Vale la pena decir algo más sobre la unidad y la divergencia dentro de lo que ahora podemos llamar la iglesia ecuménica, la iglesia de la *ecumene* que está de acuerdo en confesar la fe nicena. Es la iglesia que merece ser llamada ortodoxa (con "o" minúscula) porque enseña la fe y el culto correctos (*orthe doxa* en griego). También es católica (c minúscula), que significa "universal" (*katholikos* en griego). Y es evangélica (e minúscula) porque es la iglesia del evangelio (*euangelion* en griego). En el sentido minúsculo de estas palabras, la única y santa iglesia de Dios, que el credo nos enseña a honrar como cuerpo de Cristo y obra del Espíritu Santo, es ortodoxa, católica, evangélica y ecuménica, y su fe es la de Nicea.

La diversidad dentro de la única iglesia ecuménica —que no debe dividirla— puede distinguirse mediante nombres con letras mayúsculas. Deberemos marcar la distinción entre ortodoxos (o minúscula), que abarca toda la *ecumene* nicena, y los Ortodoxos (o mayúscula), que incluyen a los Ortodoxos griegos, los Ortodoxos rusos, los Ortodoxos armenios y muchos otros, todos agrupados bajo el título de "Ortodoxos orientales", cuya herencia se remonta al Imperio romano de Oriente, donde la lengua dominante era el griego. Y hay que destacar la distinción entre católico (c minúscula), un término que nos encontraremos en el propio credo para designar a toda la iglesia, y a los Católicos

---

[2] Sobre la complicada historia del texto y su uso en el Concilio de Constantinopla, véase Kelly, *Creeds*, capítulo 10.

romanos (c mayúscula) que son cristianos en plena comunión con el papa, que es el obispo de Roma. Su herencia se remonta al Imperio romano de Occidente, donde la lengua dominante era el latín. Muy pronto, hubo una traducción latina estándar del credo niceno que terminó —como veremos— con algunas diferencias respecto a la versión griega, una de las cuales es trivial, otra interesante y la tercera trágica. Los protestantes son herederos de esta tradición occidental, y la mayoría de las transcripciones del credo niceno utilizadas en las iglesias protestantes tienen sus raíces en la antigua traducción latina. El credo latino sigue entre nosotros, familiar para los amantes de la música eclesiástica de compositores como Palestrina, Bach y Mozart.

La traducción del credo que he hecho para los fines de este libro no tiene exactamente la misma redacción que cualquier versión utilizada en las iglesias, ya que, por desgracia, no existe una traducción estándar del credo niceno en inglés ni en español. Supongo que los lectores seguirán recitando el credo en la versión que acostumbran a utilizar los domingos; ciertamente lo espero, porque la oportunidad de confesar la fe juntos en el culto es una de las grandes bendiciones del credo, y no algo para manipular. Pero como hay tantas versiones, algunas de las cuales se remontan a cientos de años atrás y utilizan un español que ya no es familiar, a menudo tendré que comentar traducciones alternativas y redacciones antiguas que pueden resultar confusas. En mi propia traducción he tratado de ceñirme lo más posible al griego original.[3] Pero también he comentado la traducción latina estándar cuando diverge del griego, ya que esta explica a menudo las variaciones en las versiones al español y al inglés, dándonos palabras como "consustancial", y frases como "se hizo hombre". Para organizar el comentario frase por frase, he dividido el credo en sus tres "artículos", que es un término técnico (del que obtenemos la frase "un artículo de fe") para las partes del credo dedicadas al Padre, al Hijo y al Espíritu Santo. Además, es conveniente dividir el segundo artículo en dos partes, la primera centrada en la divinidad del Señor Jesús y la segunda sobre su humanidad.

Como ya habrá notado, gran parte de este libro se centra en las palabras y su historia. En efecto, el credo se compone de palabras que son mucho más antiguas que cualquiera de los que ahora las pronunciamos. Una comprensión más rica y precisa de estas palabras es, por tanto, una forma de llegar a una comprensión más profunda de nuestra

---

[3] Para el texto griego del credo niceno de 381 d. C., utilizo Kelly, *Creeds*, 297. Para el texto griego del Credo de Nicea del 325 d. C. utilizo Kelly, *Creeds*, 215.

propia fe, que compartimos con aquellos que han confesado el credo a lo largo de los siglos de la tradición cristiana. Porque con ellos también nosotros hemos recibido un solo Señor, una sola fe y un solo bautismo.

Como las palabras son antiguas, tienen capas. Uno de los objetivos de este libro es darle acceso a esas capas, de modo que cuando diga una palabra como "encarnado", escuche debajo de ella la palabra latina *carnem* y piense "carne". Y entonces podrá afinar sus oídos a la forma en que la palabra "carne" resuena en los pasillos y pasajes de la Escritura y en el credo, así como en el lenguaje que usamos en los servicios de la iglesia. Daré por sentado que los lectores de este libro están familiarizados con la Biblia, pero no necesariamente con las tradiciones de la teología cristiana, por lo que dedicaré bastante tiempo a palabras como "encarnación", que para los teólogos son muy comunes, pero que para muchos asistentes a las iglesias, según he comprobado, resultan innecesariamente misteriosas y se malinterpretan fácilmente, porque nunca se les han explicado. Si afinamos nuestros oídos para escuchar estas palabras, nos sumergiremos más profundamente en la riqueza del culto cristiano.

Otro de los objetivos de este libro es abrir las puertas a nuevos estudios, y para ello introduciré a menudo términos teológicos que no se encuentran en el propio credo, pero que han sido utilizados en la tradición cristiana para exponer la fe nicena. En este sentido, con frecuencia se detiene en términos técnicos que los teólogos utilizan sin explicación, términos que creo que son realmente útiles no solo para los que estudian los tecnicismos de la teología, sino para los cristianos de a pie que quieren entender su propia fe. Me alegraré mucho si este libro sirve a algunos lectores como puerta de entrada a los estudios teológicos.

El libro también dedicará mucha atención a las raíces apostólicas de la fe nicena tal como se encuentran en las Escrituras. El objetivo es mostrar a los cristianos bíblicos cómo el credo da palabras a lo que ya creen, para que puedan escuchar estas palabras como evangelio, la historia de nuestro Dios. En términos de Martín Lutero, el credo niceno nos da el evangelio en lugar de la ley, porque no nos dice lo que tenemos que hacer, sino lo que Dios ha hecho por nosotros y por nuestra salvación: todas las cosas que no podemos hacer para salvarnos, transformar nuestras vidas y convertirnos en buenos cristianos, porque son cosas que solo Dios puede hacer. La buena noticia es que, en Cristo, Dios ha hecho estas cosas, y por su Espíritu vivificador las ha hecho nuestras. El credo niceno es una bendición y una alegría, porque es una confesión de fe en esta buena noticia.

# EL CREDO NICENO

[Presento una traducción literal aproximada, con las versiones alternativas entre paréntesis.]

Creemos [yo creo]

en un solo Dios,

    el Padre, el todopoderoso,

    creador del cielo y de la tierra,

    de todas las cosas visibles e invisibles;

y en un solo Señor,

Jesucristo,

    el Hijo unigénito de Dios,

    que fue engendrado por el Padre antes de todas las edades,

    [Dios de Dios],

    Luz de Luz,

    Dios verdadero de Dios verdadero,

    engendrado, no hecho,

    con el mismo ser que el Padre,

    por medio de quien todas las cosas llegaron a ser;

    que por nosotros, los seres humanos, y por nuestra salvación

    descendió del cielo,

    y fue encarnado del Espíritu Santo

y la Virgen María

y se hizo humano,

y también fue crucificado por nosotros bajo Poncio Pilato,

y sufrió

y fue enterrado,

y resucitó al tercer día, según las Escrituras,

y subió al cielo,

y se sienta a la derecha del Padre,

y volverá otra vez en gloria

para juzgar a los vivos y a los muertos,

de cuyo reino no habrá fin;

y en el Espíritu Santo,

el Señor y dador de vida,

quien procede del Padre

[y del Hijo],

quien con el Padre y el Hijo juntos es adorado y coglorificado,

quien ha hablado a través de los profetas;

en una sola iglesia, santa, católica y apostólica.

Confesamos un solo bautismo para el perdón de los pecados;

esperamos la resurrección de los muertos

y la vida de la era venidera.

Amén.

# Creemos [Yo creo]

La interesante diferencia entre las versiones griega y latina del credo, mencionada en la Introducción, se encuentra aquí mismo en la primera palabra: los hablantes de griego en el Imperio romano de Oriente decían "nosotros" y los hablantes de latín en Occidente decían "yo".[4] De hecho, así es como obtuvimos el término "credo", de la palabra latina *credo*, una forma de decir "yo creo". Si se convierte en un sustantivo, "el credo", se obtiene un término estándar para el credo. El término griego estándar, por otra parte, era simplemente "la fe", *he pistis*. Así que, en este sentido, el credo niceno *es* la fe nicena. Repetir el credo en voz alta es confesar la fe, en un doble sentido del término: es dar expresión a la fe cristiana en las palabras de "la fe", que es el credo.

Otro término antiguo para referirse al credo es, sorprendentemente, "símbolo" (del latín *symbolum*, derivado del griego *symbolon*). Es una palabra con muchos significados. Hasta el día de hoy, la palabra "símbolo" puede utilizarse para designar un credo, y si ve un libro en la sección de teología de la biblioteca sobre "simbología", probablemente se trate de un antiguo estudio sobre credos y confesiones.

La razón exacta por la que *symbolum* se utilizaba para designar un credo o confesión de fe necesita una explicación, que también nos ayudará a ver por qué Occidente decía "creo". En el latín ordinario, *symbolum* podía significar un signo o señal, como una contraseña de paso o el signo y la contraseñal que utilizaban los soldados para reconocerse entre sí. En lugar de decir "¡Alto! ¿Quién anda ahí?", un centinela en la oscuridad de la noche podía dar la primera mitad de una contraseña como señal, y su compañero la completaba con una contraseñal ("¡Oh, Susana!" / "¡Oh, no llores más por mí!"), identificándose así como alguien que pertenece al mismo ejército. Otro significado de *symbolum* era un juramento o promesa de fidelidad que se utilizaba

---

[4] Para ser precisos, Oriente utilizaba el verbo griego para "creer" en primera persona del plural, y en Occidente se utilizaba el verbo latino para "creer" en primera persona del singular.

cuando un soldado se incorporaba al ejército. La práctica del bautismo funcionaba así en la iglesia primitiva. Bautizarse era como alistarse en el ejército de Cristo —un ejército inusual en el que no se mataba, pero donde sí te podían matar, dando testimonio como mártir—, y la confesión bautismal era la prenda con la que te identificabas, como una especie de contraseña, cuando te alistabas.[5]

La ceremonia bautismal propiamente dicha se parecía un poco a la entrega de un signo y un refrendo. Se trataba de tres preguntas, que podían ser tan breves como "¿crees en Dios, Padre todopoderoso?", y "¿crees en Jesucristo y en su cruz?" y "¿crees en el Espíritu Santo?".[6] Normalmente las preguntas eran más largas, y podían ser bastante similares al credo niceno; por ejemplo: "¿Crees en Cristo Jesús, el Hijo de Dios, que nació de la Virgen María por obra del Espíritu Santo, que fue crucificado bajo Poncio Pilato y murió, y resucitó al tercer día vivo de entre los muertos, y subió a los cielos, y se sentó a la derecha del Padre, y vendrá a juzgar a los vivos y a los muertos?".[7] En cualquier caso, la respuesta a cada pregunta era la misma: "Creo", tras lo cual la persona era sumergida en agua. Esta triple inmersión era el bautismo cristiano y, la pregunta-respuesta era el *symbolum*, el signo y contrasigno de la fe cristiana. Convierta la pregunta y la respuesta en una confesión que podamos decir todos juntos, y obtendrá un credo.

El credo es la fe que *confesamos*, lo que significa simplemente que lo decimos en voz alta. El acto de pronunciar algo en voz alta marca la diferencia, como cuando confesamos nuestros pecados en lugar de ocultarlos. Confesar *la fe* es hacer que lo que creemos sea algo compartido, público y reconocible, y no solo un pensamiento fugaz en el corazón. La confesión bautismal nos convierte en miembros del ejército de Cristo, y hasta el día de hoy hay lugares donde esta confesión puede hacer que te maten. Así que la confesión es más que una expresión. No es solo decir lo que está en nuestro corazón; es unirse a una comunidad y compartir sus peligros y tareas, así como sus bendiciones. Cuando decimos "creo" en nuestro bautismo, o "creemos" en una liturgia dominical, estamos pronunciando un compromiso que es una promesa de lealtad, uniéndonos a otros creyentes de todo el mundo en

---

[5] Kelly ofrece más detalles en *Creeds*, capítulo 2.

[6] Así nos lo cuenta Ambrosio, el obispo de Milán de finales del siglo IV (véase Kelly, *Creeds*, 36-37).

[7] Se trata de un conjunto de preguntas en un documento de principios del siglo III, la *Tradición apostólica*, atribuida a Hipólito (véase Kelly, *Creeds*, 45-46, 90-92).

el cuerpo de Cristo, algunos de los cuales se ven obligados a meterse en problemas por mantener este compromiso.

Por eso, incluso cuando los cristianos de Occidente comienzan el credo con la palabra "creo", no se trata solo de una expresión individual de fe, sino un compromiso con la fe de una comunidad, del cuerpo de Cristo al que el individuo se ha unido en el bautismo.

De hecho, algunas iglesias occidentales han vuelto a la versión griega, diciendo "creemos". Sin embargo, en un sentido importante, "creo" es en realidad la forma más antigua de confesión, que se utilizaba en los bautismos mucho antes de Nicea. "Creemos" era una nueva forma de confesar la fe, que reflejaba un nuevo escenario. En lugar de una confesión bautismal, era una confesión conciliar. El credo niceno comienza con "creemos" porque se originó como la confesión de un concilio, una reunión de obispos que presentaban lo que creían y enseñaban la fe de toda la iglesia ecuménica, para ser confesada en conjunto. Por eso también se incorporó a las liturgias eucarísticas de las iglesias, tanto de Oriente como de Occidente.

·

# ARTÍCULO 1

# DIOS EL PADRE

# En un solo Dios, el Padre, el todopoderoso

El credo comienza utilizando un lenguaje familiar, común en la filosofía antigua, así como en la mitología pagana, pero pronto procede a hacer algo inédito con este lenguaje. "Padre todopoderoso" era un término muy conocido entre los paganos. Aparece con frecuencia, por ejemplo, en el poema épico romano *Eneida*, para designar a Júpiter, el rey de los dioses mitológicos del monte Olimpo. Resulta que Júpiter no es lo que los cristianos llamarían todopoderoso, ya que se ve fácilmente frustrado por las intrigas de otros dioses y los problemas de los mortales. Ciertamente, crear el cielo y la tierra está muy por encima de su poder, ni qué decir de gobernarlo en justicia y sabiduría, que es un aspecto especialmente destacado del término griego aquí usado, *Pantokrator*, que literalmente significa "gobernante sobre todas las cosas". El credo no solo habla del poder, sino de cómo Dios, nuestro Padre, gobierna todas las cosas, lo que, como veremos, significa que su Hijo, un hombre crucificado, es rey para siempre.

También debemos tener en cuenta que la creencia en un Dios único no era en absoluto exclusiva de cristianos y judíos. Los paganos sofisticados, como los filósofos Platón, Aristóteles y Plotino, tenían mucho que decir sobre un "primer principio" único que era eterno y divino, pero que no era un ser personal como Júpiter. Aristóteles llamó a este principio "Dios", mientras que Platón lo llamó "el Bien" y Plotino lo convirtió en la fuente de todas las cosas. Los cristianos que estudiaron filosofía encontraron mucho de atractivo en ella, y se volvió común en la teología cristiana hablar de Dios como el primer principio, el bien supremo, que es la fuente de todas las cosas. Pero al confesar el credo, los antiguos cristianos utilizaban este lenguaje compartido, "un solo Dios", para decir algo más específico y bíblico, que solo empieza a quedar claro cuando llegamos a ver por qué, en el segundo artículo del credo, oiremos hablar de Jesús como el "único Señor".

## Creador del cielo y de la tierra

Esta frase nos sitúa, por supuesto, justo al principio de la Biblia, cuando Dios creó el cielo y la tierra (Gn 1:1). La Escritura utiliza la frase "el cielo y la tierra" para designar toda la creación de arriba a abajo. Juntos, el cielo arriba y la tierra abajo, son todas las cosas que existen, aparte del Dios que las hizo todas.

Sin embargo, en Génesis 1 la palabra "cielo" se utiliza en un sentido bastante limitado. Se refiere a los cielos visibles que podemos ver por encima de nosotros, poblados por las estrellas, la luna y el sol, al igual que el mar está poblado por los peces, el aire por las aves y la tierra por los reptiles y el ganado. En otros lugares, la Biblia habla de un cielo más alto, que está por encima de los cielos que vemos, llamándolo "el cielo de los cielos".[8] Este es el lugar donde Dios está entronizado por encima de los cielos visibles, porque "su majestad está por encima de la tierra y del cielo" (Sal 148:13). Es un lugar más allá de los lugares del universo visible; no es un lugar al que podamos viajar (ninguna nave espacial podría llevarnos allí), porque es donde nuestro Señor Jesucristo está entronizado a la derecha de Dios Padre, rodeado de la alabanza y la alegría interminables de los ángeles y arcángeles y de toda la hueste del cielo. Dado que esto está por encima de los cielos visibles, una dimensión diferente de cualquier lugar que podamos ver, el credo debe ir más allá de todas las cosas visibles para hablar de la plenitud de lo que Dios ha creado.

---

[8] Por ejemplo: Dt 10:14; 1 R 8:27; Sal 148·4 y Neh 9·6. Algunas versiones traducen esta frase como "el cielo más alto".

# De todas las cosas visibles e invisibles

La traducción más reciente que utilizan muchas iglesias, "vistas y no vistas", no es tan precisa como "visibles e invisibles", porque de lo que el credo habla aquí es de dos reinos de la creación, y el reino invisible no es solo algo que no hemos visto, sino algo que no podemos ver nunca con nuestros ojos físicos. Es el reino de los ángeles, tanto los ángeles benditos del cielo como los demonios, que son ángeles caídos expulsados del cielo (Ap 12:7-9).

Esta frase nos sitúa en la carta a los colosenses, que nos enseña que la creación de todas las cosas es obra de Cristo, porque en él "fueron creadas todas las cosas, tanto en los cielos como en la tierra, visibles e invisibles" (Col 1:16). Así, antes de terminar con el primer artículo del credo, nos encontramos describiendo al creador de todas las cosas, Dios Padre, mediante una descripción bíblica de Cristo. Esto es totalmente apropiado, ya que el Señor Jesucristo es aquel a través del cual Dios trajo todas las cosas a la existencia, como veremos en el segundo artículo. Uno de los principales propósitos del credo niceno es dejar absolutamente clara la distinción entre creador y criatura, y poner a nuestro Señor Jesús en el lado del creador.[9]

La frase "todas las cosas", tal como la utiliza el credo, incluye a toda la creación, pero no al creador. El Creador de todas las cosas no puede ser contado como una cosa entre otras, como si perteneciera a la lista de "todas las cosas". Si se pudiera hacer una lista así, Dios no estaría en ella, porque es la fuente de la lista y de todo lo que hay en ella, y no está confinado a ella, como tampoco lo está un autor en las páginas de un libro que está escribiendo. Se le puede llamar el ser supremo, pero solo en la medida en que es la fuente de todo el ser, el autor de todo, y no solo un ser entre otros seres.

---

[9] La palabra "criatura" es originalmente un término teológico que designa todo lo que Dios crea, y siempre se utilizará en ese sentido en este libro.

Teniendo esto en cuenta, podemos entender bien lo que dice el credo cuando contrasta lo visible y lo invisible. Porque el pasaje de Colosenses tiene más que decir sobre "todas las cosas... visibles e invisibles", que fueron creadas por Cristo, "ya sean tronos o dominios o poderes o autoridades", todo lo cual "ha sido creado por medio de él y para él" (Col 1:16). Se trata de una lista de los poderes del más alto cielo, donde el trono de Dios está por encima y más allá de todo el universo visible. No es un reino sobrenatural en el que Cristo es un miembro entre otros (una fantasía favorita de los herejes conocidos como gnósticos). Es el reino invisible que fue creado por él, a través de él y para él, utilizando el mismo poder omnipotente en el que él es uno con el Padre y el Espíritu Santo y, por lo tanto, es el único creador de todas las cosas.

Merece la pena decir algo también sobre los elementos menores de la lista de "todas las cosas", no tan gloriosos como las criaturas del alto cielo. Al decir que "todas las cosas" son hechas por Dios, el credo nos aleja de ciertos errores materialistas. En primer lugar, no hay ningún material del que Dios haya hecho las cosas. Dios creó todas las cosas de la nada, como enseña la doctrina cristiana de la *creatio ex nihilo* (que en latín significa simplemente "creación a partir de la nada"). Por eso el credo original de Nicea maldijo la idea de que Cristo "surgió de la nada", lo que lo convertiría en una criatura. En segundo lugar, Dios mismo no es un ser material. Es decir, no hay ningún material o materia de la cual esté hecho. Todo tipo de material que existe es una creación de Dios, un elemento de la lista de "todas las cosas". Su ser depende de Dios y no al revés. Así que, a diferencia de las cosas materiales, Dios no necesita nada para estar hecho. No hay nada de lo que Dios esté compuesto, ni tiene partes. Esto se convierte en un punto importante en la doctrina de la Trinidad, que, como veremos, no es una doctrina sobre que Dios tenga tres partes.

Dios no está hecho de nada porque Dios no está hecho en absoluto. Él es, como le gusta decir a la tradición teológica cristiana, "increado". Así que hay una respuesta clara a la pregunta del niño: "Si Dios lo creó todo, entonces ¿quién creó a Dios?". La respuesta es que nadie creó a Dios, porque Dios no puede ser creado. Es de la esencia misma de Dios (concepto al que llegaremos en breve) ser increado. Él es el Creador, no una criatura. Esto es lo que debemos decir cuando discutamos el primer artículo del credo. Algo nuevo aparece, por supuesto, cuando el segundo artículo llega al niño nacido de María, que es Dios encarnado.

Finalmente, en el nivel más bajo de todos, si es que puede llamarse así, encontramos lo que está tan degradado que nunca logra entrar en la lista de "todas las cosas". El *mal* no está entre las cosas que Dios creó, por lo que nunca tiene una existencia propia. El mal tiene lugar cuando las cosas buenas creadas por Dios van a pique, cuando se rompen o se deforman o se corrompen, como una casa arruinada o un animal enfermo, una comunidad en guerra consigo misma o un alma corrompida por el pecado. El gran poder del mal se deriva enteramente —robado, podríamos decir— del poder que pertenece legítimamente a las criaturas buenas de Dios: el poder de una casa buena para mantenerse firme ante el viento y la lluvia; el poder de un animal para vivir, crecer y procrear; el poder de los seres humanos para vivir unos con otros en amistad; y el poder de un ser humano individual para participar con sus vecinos en la gloria de adorar al único Dios verdadero. Todos los poderes dados a las cosas por el Creador pueden arruinarse y corromperse a su manera, y cuanto más poderosa es la criatura, mayor y más poderosa es la ruina que resulta. Esto explica el sentido en que Satanás es a la vez la mayor y la peor de las criaturas de Dios.[10]

Así que hay una respuesta a esa otra pregunta que hacen los niños: ¿ha creado Dios al diablo? El diablo es, en efecto, una creación buena de Dios, que pertenece a la lista de "todas las cosas" que Dios ha hecho. Pero es una cosa buena que ha sido corrompida, estropeada y arruinada por su propio mal uso del poder del libre albedrío dado a él cuando fue creado: un poder bueno que hace posible una intensidad de amor y alegría más allá de la capacidad de las criaturas menores, pero que en su estado corrupto es solo el poder para difundir miseria, maldad, falsedad y muerte.

---

[10] Esta idea se recoge en el tan citado adagio latino *corruptio optimi pessima est,* "la corrupción de lo mejor es lo peor".

# ARTÍCULO 2

# PARTE I
## EL ETERNO HIJO DE DIOS

# Y en un solo Señor

En el segundo artículo del credo llegamos a lo que es distintivo de la fe cristiana, diferente de cualquier otra creencia en Dios. La frase "un Dios" en el primer artículo debe ir acompañada de la frase "un Señor" aquí. Estas palabras crean un campo de fuerza bíblico muy distinto, como los polos de un imán, cada uno de los cuales atrae a sí mismo más palabras, reuniendo su propio vocabulario característico. La palabra "Padre", por ejemplo, pertenece estrictamente al polo del primer artículo, mientras que la palabra "Dios" es menos precisa y particular, y se utilizará no solo en el primer artículo, sino también en el segundo, describiendo a Cristo como "Dios verdadero de Dios verdadero". Mientras tanto, la palabra "Señor", aunque también puede usarse para hablar del Padre y del Espíritu Santo, ha sido arrastrada por el segundo artículo y firmemente unida al nombre de Jesús. Cuando los cristianos dicen "nuestro Señor", se refieren a Jesús. Por eso, cuando el credo dice "un solo Señor", habla de Jesucristo, igual que cuando habla de un "solo Dios", habla del Padre.

En esto el credo sigue una pauta muy extendida en el Nuevo Testamento, en la que las palabras "Dios" y "Padre" van juntas, y la forma de decir que Jesús es Dios es llamarlo "Señor", aplicándole el Nombre sagrado del Señor, el Dios de Israel. Este es el modo fundamental en que la Escritura nos atestigua que Jesús es uno y el mismo Dios que el Padre: no es otro que el Señor. Por tanto, hay que analizar en detalle el modelo de nombramiento aquí.

Comienza con el Nombre del Señor. Escrita con cuatro letras mayúsculas, esta palabra inglesa se utiliza en muchas traducciones de la Biblia para indicar el Nombre del Dios de Israel, sin ponerlo realmente por escrito. A veces se encuentra una versión del Nombre escrita con cuatro letras, YHVH, sin ninguna vocal, por lo que no es posible pronunciarlo realmente. Las cuatro letras hebreas que lo conforman se llaman el *Tetragrammaton* (que no es más que un término griego para "cuatro letras"). En otras palabras: el Nombre de Dios es tan importante que tiene un nombre propio: los griegos lo llaman *Tetragrammaton*, pero los judíos lo llaman *HaShem*, "el Nombre" en hebreo, que es la costumbre que sigo aquí.

El Nombre necesita un nombre, porque ahora nadie puede pronunciarlo. Nadie sabe muy bien qué vocales le corresponden para que sea pronunciable, ya que el hebreo antiguo se escribía sin vocales, por lo que no disponemos de textos bíblicos originales con las vocales escritas para saber cómo se pronunciaba el Nombre. Cuando se incluyeron las vocales en los textos hebreos, siglos después del Nuevo Testamento, los judíos piadosos ya habían dejado de pronunciar el Nombre pues lo consideraban demasiado sagrado como para decirlo en voz alta. Los estudiosos han hecho conjeturas sobre cuáles eran las vocales, pero quienes respetan las tradiciones vivas del judaísmo no intentan hacer que el Nombre sea pronunciable escribiéndolo con vocales incluidas. (Vale la pena señalar que un intento fallido de hacer el Nombre pronunciable, basado en una transliteración anticuada del *Tetragrammaton*, JHVH, dio como resultado una palabra inglesa que ha aparecido en varios himnos, como "Guíame, oh tú, Gran J—". Sin embargo, según la erudición moderna, ciertamente no es así como se pronunciaba el Nombre).

Además del término *HaShem*, hay otra forma importante en la que los judíos hasta el día de hoy evitan decir el Nombre. Cuando leen las Escrituras en voz alta en la sinagoga, por ejemplo, y se encuentran con el *Tetragrammaton* escrito en el texto, no intentan pronunciarlo, sino que dicen *Adonai*, que es la palabra hebrea para "Señor". Algunas de las Biblias en español siguen esta práctica utilizando la palabra SEÑOR (todo en letras mayúsculas) para representar el Nombre, mientras que representan la palabra hebrea *Adonai* utilizando la palabra "SEÑOR" con una sola letra mayúscula. Así, en el Salmo 16:2, "Digo al SEÑOR: 'Tú eres mi Señor'", tenemos primero el Nombre sagrado, y luego la palabra hebrea ordinaria para "Señor". Mantener estas dos palabras claras es necesario para entender el Antiguo Testamento, porque cuando el Dios de Israel declara: "Yo soy el SEÑOR", no está reclamando ser amo o señor o gobernante; está anunciando su nombre. Así lo dice en Isaías 42:8: "Yo soy el SEÑOR; ese es mi nombre; mi gloria a otro no daré". Asimismo, cuando pasa ante Moisés diciendo "El SEÑOR, el SEÑOR, Dios compasivo y clemente, lento para la ira y abundante en misericordia y verdad" (Ex 34:6), está proclamando su Nombre (Ex 33:19). Y así también, antes de dar a Moisés los Diez Mandamientos, dice quién es el que da esta ley a Israel: "Yo soy el SEÑOR tu Dios, que te saqué de la tierra de Egipto, de la casa de servidumbre" (Ex 20:2).

Los judíos de habla griega del mundo antiguo siguieron una práctica similar cuando tradujeron la Biblia del hebreo, y los escritores del Nuevo Testamento hicieron lo mismo. En lugar de escribir una versión del Nombre, utilizaron la palabra griega *kyrios* (a veces transliterada *kurios*), que significa "señor". Esta es la palabra utilizada en el credo para referirse al Señor Jesús. A muchos lectores en español les resultará familiar (con la terminación ligeramente cambiada) la oración inicial de algunos servicios dominicales, a menudo con música: "Señor, ten piedad", *Kyrie eleison*. El credo, con su confesión de "un solo Señor, Jesucristo", nos está diciendo que no es un señor diferente cuando la oración procede a decir: "Cristo ten piedad", *Christe eleison*.

La primitiva confesión de fe cristiana en el Nuevo Testamento atribuye el Nombre del Señor a Jesús, diciendo *Kyrios Iesous*, "Jesús es el Señor". Por ejemplo, cuando el apóstol Pablo quiere explicar por qué se salvan los que confiesan con su boca que Jesús es el Señor (Rm 10:9-10), cita el dicho del Antiguo Testamento: "todo aquel que invoque el Nombre del Señor será salvo" (Jl 2:32, citado en Rm 10:13). Por lo tanto, según la enseñanza del apóstol, confesar a Jesús como Señor es lo mismo que invocar el Nombre del SEÑOR, el Dios de Israel. Así que "Jesús es el Señor" significa que Jesús es el SEÑOR. El Nombre sagrado del Dios de Israel le pertenece por derecho. Este es el corazón de la fe cristiana y es, por tanto, el corazón del credo.

Esto es, por supuesto, algo extraordinariamente audaz. Para cualquiera que no acepte la fe nicena, debe parecer una idolatría. Significa llamar a un hombre por el nombre de Dios y honrarlo con el mismo culto que se da al creador de todas las cosas. Pero esto es evidentemente lo que los cristianos hacían desde el principio.[11] El primer escrito cristiano que tenemos es un himno citado por el apóstol Pablo, que espera el día en que "toda rodilla se doble... y toda lengua confiese que Jesucristo es el Señor" (Flp 2:10-11). Esto quiere indicar claramente el cumplimiento del voto hecho por el Señor mismo en Isaías 45:23: "Ante mí se doblará toda rodilla, toda lengua jurará lealtad". Así pues, adorar a Jesús, según este antiguo himno, es adorar al Dios de Israel, al Señor, que dice: "Mi gloria a otro no daré" (Is 42:8). Glorificar a Jesús no es, por tanto, dar gloria a nadie más que al Señor; es, de hecho, una adoración que es para "la gloria de Dios Padre" (Flp 2:11), como añade el himno en la conclusión.

---

[11] Que el culto a Jesús no es un desarrollo posterior lo demuestra de manera decisiva Richard Bauckham *Jesus and the God of Israel* (Eerdmans, 2008).

La confesión de que Jesús es el Señor va, pues, acompañada de la oración a Dios Padre en este modelo bíblico fundamental de nombramiento. Tal vez comenzó cuando los discípulos se acercaron a Jesús preguntando cómo orar. ¿Cómo se puede invocar al Señor si no se debe pronunciar su Nombre? La respuesta de Jesús, por supuesto, fue: "cuando oren, digan: 'Padre, santificado sea tu Nombre...'" (Lc 11:1, 2). Así que los cristianos invocan al Dios de Israel llamándolo Padre, y, por tanto, santifican el Nombre absteniéndose de pronunciarlo, al igual que los discípulos judíos de Jesús. "Santificar" es una antigua palabra que significa "hacer santo" o "apartar". Santificamos el Nombre del Señor orando como nuestro Señor Jesús nos enseñó, apartando el Nombre al no pronunciarlo, y llamando a Dios "Padre", como hace el credo.

El doble patrón de denominación resultante se encuentra en todo el Nuevo Testamento, como por ejemplo en las cartas que comienzan bendiciendo a sus lectores en el nombre de "Dios nuestro Padre y del Señor Jesucristo" (Rm 1:17, 1 Co 1:3, Gl 1:3, etc.), y la frase "el Dios y Padre de nuestro Señor Jesucristo" (2 Co 1:3, Ef 1:3, 1 Pd 1:3). El patrón fundamental es simple: Dios es Padre y Jesús es Señor. Quizá el ejemplo más llamativo —y el más importante en la configuración del credo— sea 1 Corintios 8:6, que empareja las dos frases: "Un Dios" y "un Señor". Después de reconocer que el mundo tiene muchos señores y muchas cosas que se llaman dioses (1 Co 8:5), el apóstol contrasta la idolatría del mundo con la fe de los cristianos:

*Pero para nosotros hay un solo Dios, el Padre,*
    *De quien proceden todas las cosas, y nosotros somos para él;*
    *Y un solo Señor, Jesucristo, por quien son todas las cosas y por medio de él existimos nosotros.*

Está claro que, si queremos confesar al único Dios de la fe cristiana sin confundirlo con los muchos dioses y señores de este mundo y con los "padres todopoderosos" de la mitología vacía, tendremos que mantener constantemente a la vista la conexión magnética entre "un Dios, el Padre" y "un Señor, Jesucristo". Cuando confesamos en la fe nicena que Dios es el Padre todopoderoso, tenemos a la vista, en primer lugar, que es eternamente el Padre del Hijo unigénito de Dios, Jesucristo nuestro Señor, y, en segundo lugar, que es nuestro Padre, pues somos hijos e hijas adoptivos del único Dios, al que llamamos "Padre nuestro", según las palabras que se nos dan en el padrenuestro (Mt 6:9).

Por último, también debe quedar claro que, al confesar la fe en un solo Señor, Jesucristo, estamos dando la espalda al paganismo, pero no al judaísmo. El único Señor que adoramos es el mismo que Israel nombra en la gran confesión de fe que se hace en Deuteronomio 6:4: "Escucha, Israel, el SEÑOR nuestro Dios, el SEÑOR uno es". La extraordinaria audacia con la que Pablo identifica a este único Señor con el Señor Jesús hace que el credo cristiano dependa de esta antigua y fundamental confesión de fe judía, que siempre ha sido y sigue siendo la fe bíblica.

# Jesús

Se llama Jesús, según dijo el ángel, porque salvará a su pueblo de sus pecados (Mt 1:21). El nombre es una variación, en la antigua lengua aramea, del nombre "Josué", que significa "el Señor salva". En su versión hebrea, incluye una forma abreviada del Nombre sagrado, como es común en muchos nombres israelitas antiguos. La versión en español del nombre deriva de la forma en que aparece en el Nuevo Testamento griego, *Iesous*, que es exactamente igual al nombre de "Josué" en la antigua traducción griega del Antiguo Testamento.

En otras palabras: Jesús es el nuevo Josué —de hecho, el verdadero Josué—, el que realmente salva a su pueblo de todos sus enemigos, incluidos el pecado y la muerte, y los lleva a la tierra prometida del reino de Dios, donde el Señor establecerá un lugar para su Nombre para siempre. Es uno de los muchos personajes llamados "Jesús" en el Israel del siglo I, como sabemos por el historiador Josefo. Parece que esperaban un nuevo Josué, que reconquistara la tierra prometida y expulsara a los paganos que la ocupaban, para "salvarnos de nuestros enemigos y de la mano de todos los que nos odian", como dice el padre de Juan el Bautista (Lc 1:71). Por eso, la multitud que se reúne para saludar a Jesús cuando entra en la ciudad santa le da la bienvenida como a un héroe conquistador, gritando: "Bendito es el rey que viene en Nombre del Señor" (Lc 19:38). Y tenían razón. Unos años depués, el propio templo fue derribado, sin que quedara piedra sobre piedra (Lc 21:6), y Jerusalén quedó desolada (Lc 21:20); pero en el propio Jesucristo, en su propio cuerpo resucitado de entre los muertos, el Señor reconstruirá el templo en tres días (Jn 2:19-22) y establecerá así un lugar para su Nombre en un reino que no tendrá fin.

Este verdadero Josué era esperado desde mucho tiempo atrás y, sin embargo, fue diferente de lo que se esperaba. Su vida, su venida y su reino son el cumplimiento de la expectativa de Israel de una manera que va más allá de esa expectativa. Querían un nuevo Josué que los liberara de sus enemigos. Obtuvieron el verdadero Josué que salva a toda la humanidad de sus enemigos.

# Cristo

Ahora solemos usar esta palabra como nombre, pero originalmente era un título. Pilato lo entendió con bastante precisión cuando hizo escribir "Rey de los judíos" en la cruz. La palabra en español, "Cristo", viene de una palabra griega que significa "ungir", embadurnar o untar con aceite en una acción ceremonial que también podría llamarse unción. La palabra hebrea se convierte en la palabra "mesías", que significa el "ungido". Porque, en el antiguo Israel, los reyes no eran reconocidos simplemente coronándolos, sino ungiéndolos con aceite consagrado. Los sacerdotes también eran ungidos, por lo que el tipo particular de Mesías que es Jesús puede distinguirse de otros tipos por el título de "Hijo de David". Es un mesías real y no sacerdotal, pues es descendiente del rey David y, por tanto, heredero legítimo del trono de Israel. Así pues, Cristo, el Mesías que es el Hijo de David, es efectivamente el rey de los judíos.

Resulta que también por eso mucha gente se preguntaba si Jesús decía ser el Hijo de Dios (Lc 22:70). El sumo sacerdote en su juicio, por ejemplo, exigió: "Dinos si eres el Cristo, el Hijo de Dios" (Mt 26:63). No estaba preguntando si Jesús afirmaba ser Dios (eso estaba más allá de su salvaje imaginación), sino que estaba recordando cómo Dios habló del Hijo de David, el Mesías o Cristo, como su propio Hijo. Porque cuando el Señor le dio a David un hijo para que fuera el siguiente rey ungido, le prometió que el trono de su reino quedaría establecido para siempre, y añadió: "Yo seré padre para él, y él será hijo para mí" (2 S 7:14). El Hijo de David, en otras palabras, es el Hijo de Dios. Es adoptado por el Señor como propio. Esto es válido para todo el linaje real de David, cuyo trono es eterno. Por eso, en lo que evidentemente es parte de una liturgia para ungir al rey de Israel, el Señor declara al descendiente y sucesor de David "Mi Hijo eres tú; yo te he engendrado hoy" (Sal 2:7). Se trata de una declaración de adopción. Es como si el Señor dijera al mundo: "En el día en que es entronizado, el rey ungido de Israel se convierte en mi propio hijo, parte de un linaje eterno que reinará para siempre".

Esta declaración es una promesa de pacto a David y a todo Israel sobre el significado de Cristo el Mesías, el rey de Israel que es el Hijo de David. Es el Hijo de Dios, como dijo el sumo sacerdote, así como el rey de los judíos, como dijo Pilato. Y, sin embargo, resulta que es Hijo de Dios y rey de una manera mucho más profunda de lo que cualquiera de ellos suponía. El Nuevo Testamento cita este fragmento de liturgia y lo presenta como la palabra de Dios Padre pronunciada a su eterno y único Hijo natural (Hb 1:5). "Tú eres mi Hijo", tal como lo entienden el Nuevo Testamento y el credo, significa algo mucho más que la adopción. Y "hoy te he engendrado" tiene un significado más profundo que cualquiera de los días de la creación, como vamos a ver.

# El Hijo unigénito de Dios

La traducción más reciente, "el único Hijo de Dios", capta un signifi-cado importante del término griego utilizado aquí, *monogenes*. Era una palabra que podía designar a un hijo único (Lc 9:38) o a una hija única (Lc 8:42). Pero la palabra significa algo más que "único". Se compone de la palabra griega para "único" (*monos*) más un adjetivo que puede referirse ampliamente al origen (como en *génesis* y *generación*), o más específicamente al nacimiento de personas y animales. Si el español tu-viera una sola palabra "único hijo", que funcionara como "primogéni-to", entonces sería la palabra perfecta para traducir *monogenes*. Sugiere no solo un hijo único, sino un hijo único natural. Su uso en el credo da cabida al hecho de que Dios tiene muchos hijos e hijas adoptivos, que lo tienen como su propio Padre gracias a lo que ha realizado a través de su único hijo natural, Jesucristo. Somos hijas e hijos de Dios por la gracia de la adopción, así como él es el Hijo de Dios por naturaleza.

La traducción tradicional "unigénito" se adelanta a lo que dice el credo posteriormente. Engendrar es lo que precede al nacimiento. "Engendrar" es una actividad familiar, pero hoy en día no es una pala-bra conocida. Los lectores de la Biblia Reina Valera recordarán cómo se repite en las listas "engendró a", que traza el linaje de padres e hijos en pasajes como Génesis 5 y Mateo 1, donde Abraham engendró a Isaac, e Isaac a Jacob, y así sucesivamente. Tomada literalmente, la palabra describe cómo un hijo se origina de un padre, o un ternero de un toro, o un potro de un semental. Es la forma en que cualquier nuevo ani-mal proviene de su progenitor masculino. Los padres engendran, las madres conciben y los niños nacen, no solo en la especie humana, sino en todo el reino animal.

Entonces, ¿qué significa el credo cuando habla de un Hijo de Dios engendrado? Esto nos lleva más allá de lo literal y familiar, y nos sitúa en medio de las antiguas controversias cristianas sobre quién es Cristo.

# Quien fue engendrado por el Padre antes de todas las edades

Con esta frase nos encontramos en el centro del misterio de Dios. Es un lenguaje que apunta paradójicamente a lo que está más allá de todo lenguaje, ya que habla del origen del Hijo eterno de Dios a partir de su Padre. A diferencia de Dios Padre, el Hijo sí tiene un origen: proviene "del Padre", donde "de" tiene el sentido de "desde", una cosa que viene *de* otra. El Padre no es engendrado, no tiene origen, no deriva de ninguna fuente u origen; el único lenguaje que tenemos para esto es negativo, una negación de que el Padre se origine en algo. El Hijo es diferente: sí tiene un origen, pues procede *del* Padre. Pero de su origen también debemos hablar sobre todo en términos negativos, diciendo lo que no es.

El Hijo no se origina través de un proceso que tenga lugar en el tiempo. No hay un "antes" y un "después" en su engendramiento, como cuando un padre en la tierra engendra un hijo. Porque hubo un tiempo antes de que el padre terrenal engendrara a su hijo, un tiempo en el que el hijo aún no existía. No hay tal cosa en el engendramiento eterno del Hijo de Dios. Él no nace en el tiempo, pues su ser es tan eterno como el del Padre. Sin embargo, tiene un origen, y ese origen es su Padre. El Padre es eternamente Padre, es decir, siempre ha tenido un Hijo, pues este es *eternamente* el origen de su Hijo. De ahí que el Concilio de Nicea rechazara ferozmente que se pudiera hablar del Hijo unigénito de Dios y decir "hubo un tiempo en que no era".

El credo niceno habla del origen del Hijo de Dios al decir que fue engendrado "antes de todas las edades". Las edades son todos los tiempos del mundo, incluyendo cada momento que pasa y da paso al siguiente. El tiempo es una especie de sucesión, ya que una edad sustituye a otra, como el reinado de un rey que sucede a otro, hijo tras padre. El origen eterno del Hijo de Dios es anterior a todo eso, a cualquier sucesión de una cosa tras otra, es decir, antes de que haya un *antes* y un *después* en el tiempo. Así que el "antes" en la expresion "antes de todas las edades" no es como la forma en que un tiempo viene antes de otro. Es un lenguaje paradójico que apunta a algo que no entendemos ni sabemos explicar.

Se trata de algo incomprensible, que va más allá dell entendimiento, y también inefable, que va más allá de la palabra. Cuando los primeros teólogos de la iglesia desarrollaron la doctrina de la incomprensibilidad de Dios, esto es, de hecho, lo principal que tenían en mente. El Padre eterno engendra a un Hijo eterno en un origen que no lleva tiempo. El *antes* y el *después* del tiempo simplemente no se aplican, lo que significa que apenas sabemos cómo pensar o hablar de ello. Por eso, gran parte de lo que decimos tiene que ser negativo. No entendemos el origen eterno del Hijo de Dios a partir del Padre, pero sabemos que hay cosas que no podemos decir, como "hubo un tiempo en que él no existía".

La primera traducción al inglés de esta frase decía que el Hijo fue engendrado "antes de todos los mundos", lo que puede resultar desconcertante hasta que nos damos cuenta de que uno de los principales significados de la palabra en inglés equivalente para "mundo" solía ser "edad".[12] Así, por ejemplo, la antigua frase "the next world" ["el próximo mundo"], significaba lo que la Biblia llama la edad venidera, y "world without end" ["mundo sin fin"] se refería a las edades interminables del reino de Cristo, cuyo reino no tiene fin. Veremos más sobre esto ulteriormente en el credo.

La traducción más reciente, "engendrado eternamente", es una paráfrasis útil que trata de señalar la eternidad como un reino más allá del tiempo, donde ocurren cosas que no tienen principio ni fin, ni un *antes* ni un *después*. Es como si el engendramiento del Hijo de Dios fuera un acontecimiento intemporal, una forma de llegar a la existencia que se produce en un lugar sin tiempo ni cambios ni devenires, un lugar que estamos acostumbrados a llamar "eternidad". Por supuesto, no tenemos ninguna familiaridad real con ese lugar y no sabemos cómo concebirlo; estamos tratando con la incomprensibilidad. Pero esta imagen paradójica de algo que no podemos imaginar realmente puede ser útil, ya que sugiere algunas de las connotaciones y negaciones conceptuales correctas: un engendramiento eterno no es un engendramiento en el tiempo; no tiene un *antes* y un *después*, ni un principio ni un final; significa que nunca hubo un tiempo en el que el Padre no tuviera un Hijo.

---

[12] C. S. Lewis tiene una discusión muy instructiva sobre esto en la segunda edición de su *Studies in Words* (Cambridge University Press, 1967), capítulo 9.

Dos notas finales sobre la terminología. En primer lugar, la traducción latina del credo tiene una peculiaridad en este punto, ya que traduce la palabra griega para "engendrado" con una palabra que significa "nacido", de modo que el credo latino dice, en efecto, que el Hijo es "nacido del Padre". No parece haber ninguna diferencia de significado con el griego,[13] pero decir que el Hijo es "nacido del" Padre tiene un efecto sorprendente. Aplica al Padre un lenguaje que normalmente se usa para las madres. Por supuesto, Dios Padre no es como un padre biológico, como tampoco es una madre biológica. Él es la única fuente del Hijo, no uno de un par de seres sexuales que se reproducen, como en los mitos paganos sobre los dioses. Pero una vez que se deja de lado el torpe literalismo y las falsas comparaciones, la incomprensibilidad de la doctrina permite aquí una amplia variedad de lenguaje, todo ello inadecuado, pero en gran parte asombrosamente bello. Por ejemplo, el Concilio de Toledo, en el año 675 d. C., habló de que el Hijo había nacido "del vientre del Padre" (*de Patris utero*).[14] Esta extraña afirmación es apropiada precisamente porque nos empuja más allá de cualquier padre o madre que podamos imaginar en la tierra, al tiempo que reconoce a ambos como imágenes de Dios (Gn 1:27).

En segundo lugar, conviene saber que muchos estudiosos usan la etiqueta "generación eterna" para el engendramiento eterno del Hijo de Dios. Esto refleja el vocabulario latino, en el que el verbo *generare* significa "engendrar". Pero, por supuesto, la palabra "generación" tiene un significado mucho más amplio que "engendrar", ya que puede referirse a las máquinas que generan electricidad y a las ideas que generan debate. La engañosa familiaridad de la palabra "generación" puede hacernos caer en el error. Si nos quedamos con palabras menos conocidas, como "engendrado" —siempre que se entienda el significado ordinario de la palabra— es más útil, tanto para guiar la imaginación como para mostrar hasta qué punto nuestra imaginación se aleja de la realidad.

---

[13] Puede ser que el objetivo fuera simplemente producir la elegante frase latina *Filium Dei unigenitum et ex Patre natum*, "el Hijo de Dios, unigénito y nacido del Padre".

[14] Esta sorprendente frase puede haberse inspirado en la antigua traducción al latín (Vulgata) del Salmo 110:3, "Desde el vientre antes del lucero de la mañana te engendré" (*ex utero ante luciferum genui te*).

# [Dios de Dios]

La adición de esta frase es la diferencia trivial entre las versiones latina y griega del credo mencionada en la Introducción. Esta frase no se encuentra en la versión griega original del credo niceno, procedente del Concilio de Constantinopla del año 381 d. C., sino que se encuentra en el credo anterior y más corto del Concilio de Nicea del año 325 d. C. y se añadió a la versión latina. De ahí que a la mayoría de los cristianos occidentales les resulte familiar, mientras que a los cristianos ortodoxos orientales no. Su significado se repite y refuerza en la frase posterior "Dios verdadero de Dios verdadero", y no presenta ningún desacuerdo real entre Oriente y Occidente, por lo que la diferencia es, gracias a Dios, trivial.

En las versiones occidentales del credo, esto da comienzo a una serie de tres frases que pretenden afirmar, de la forma más clara posible, que Jesús es Dios. Es "Dios de Dios", es decir, es Dios Hijo de Dios Padre. El Hijo deriva su ser del Padre, de tal manera que es tan plenamente Dios como lo es Dios Padre, así como un hijo humano es tan plenamente humano como lo es su padre. Desafortunadamente, estas afirmaciones, aunque verdaderas, no son inequívocas. Habrá que decir algo más en el credo para evitar malentendidos, incluidas las nociones heréticas de los arrianos que podrían decir: "El Hijo es de Dios de la misma manera que todo lo creado es de Dios. No es realmente Dios de la misma manera que lo es el Padre. Es divino, pero en un sentido menor. Es una deidad intermediaria secundaria".

El problema subyacente aquí es que "Dios" es un término muy vago. Sus equivalentes antiguos —el término griego *theos*, el término latino *deus*, e incluso el término hebreo *elohim*— podrían aplicarse a cualquier ser inmortal, incluidos los ángeles y todos los poderes del cielo, razón por la cual el Señor puede ser descrito en la propia Biblia como un "gran rey sobre todos los dioses" (Sal 95:3). Por eso Pablo pudo decir que, efectivamente, hay "muchos dioses" (1 Co 8:5), antes de afirmar que "para nosotros hay un solo Dios, el Padre" (1 Co 8:6).

Es decir, los cristianos pueden reconocer la existencia de muchos seres inmortales que se llaman dioses, deidades o divinidades, pero nosotros trabajamos con un solo Dios, el Padre de nuestro Señor Jesucristo, de modo que cuando doblamos la rodilla ante Jesús como Señor, esto es siempre "para gloria de Dios Padre" (Flp 2:11). Como veremos más adelante en el credo, glorificamos al Hijo y al Espíritu Santo juntos en el mismo culto con el que adoramos a Dios Padre. Es un solo culto porque es un solo Dios.

El problema es que esta práctica del culto cristiano requiere una concepción de Dios que los antiguos griegos y romanos no tenían. Estaban acostumbrados a las gradaciones de la divinidad, desde el primer principio supremo en el nivel más alto, hasta una Mente divina (*Nous*) o Razón (*Logos*) que servía de intermediario entre el primer principio y el mundo visible, pasando por toda la jerarquía de deidades mitológicas, que podían tomarse literal o alegóricamente, según a quién se le preguntara.

Así que decir que Jesús es Dios, en este contexto antiguo, no es decir mucho. Se podía honrar a casi cualquier persona como "hombre divino" en el mundo de la antigüedad pagana, y César (por ejemplo) era proclamado como un dios en las monedas romanas. Si realmente se quiere ser claro sobre la naturaleza de la divinidad de Jesús, hay que hablar como un judío, seguir el Nuevo Testamento y confesar que Jesús es el Señor. Pero tal confesión no tenía ningún significado fuera de la fe de Israel, así que los creyentes gentiles del siglo IV necesitaban una terminología diferente para dejar claro que no estaban diciendo el tipo de cosas que los paganos decían sobre sus dioses. En las siguientes frases del credo nos encaminamos hacia esa nueva y extraña terminología, comenzando con una que no es tan extraña.

# Luz de Luz

Este segundo intento de decir cómo el Hijo de Dios es divino es, por supuesto, una metáfora, o podríamos llamarlo una analogía (véase el *Excursus*). Retomando la metáfora bíblica que describe a Jesús como "el resplandor de la gloria de Dios" (Hb 1:3, NVI), se imagina que la luz que irradia el sol es de la misma sustancia que el propio sol. Esto ayuda a ilustrar el punto clave de que nunca hubo un tiempo en el que el Hijo de Dios no existiera, al igual que nunca hubo un tiempo en el que el sol no brillara. Así como el sol nunca es sin la luz que irradia, Dios Padre nunca es sin su Hijo.

La analogía es acertada, pero también tiene ciertas limitaciones, porque está comparando a Dios con una cosa material, como si Dios estuviera hecho de algún tipo de materia que es igual en el Hijo que en el Padre. Esto, por supuesto, no puede ser literalmente cierto, ya que, como vimos antes, cualquier cosa o material que exista pertenece a la categoría de "todas las cosas" que son creadas por Dios; es el resultado de su poder creativo y, por tanto, no puede estar en Dios desde el principio. Así que el Creador no está hecho de ninguna materia, que es lo que se quiere decir al describirlo como un "ser inmaterial". Por supuesto que para algunos propósitos puede ser útil e iluminador compararlo con cosas materiales como lo hace la Escritura: el agua y la roca, el fuego y la sombra, la altura y la profundidad. Pero ninguna de estas comparaciones puede tomarse literalmente. Así que, una vez más, para los fines del credo niceno, tenemos aquí una frase que no hace lo suficiente para descartar malentendidos y malas interpretaciones por parte de los herejes.

# Dios verdadero de Dios verdadero

La traducción del credo en las versiones antiguas del Libro de oración común y en otros lugares utiliza la frase "muy Dios de muy Dios", lo que puede confundir a las personas que no saben latín. "Muy", en esta traducción, es solo una palabra antigua para "verdadero" (del latín *verus*, "verdadero", como el latín *veritas*, "verdad"). La palabra "de" también puede ser confusa; tal como se usa aquí y en todo el credo (en las traducciones más antiguas) significa "proveniente de". Indica origen, una cosa que viene de otra.

Tanto el Padre como el Hijo son designados como "Dios verdadero" en la Escritura. Juan nos dice en su primera carta que el Hijo de Dios ha venido para que "conozcamos al que es verdadero" y añade: "Estamos en el que es verdadero, en su Hijo Jesucristo. Él es el Dios verdadero y la vida eterna" (1 Jn 5:20). Y en el Evangelio de Juan, el mismo Señor, orando a su Padre, dice que sus discípulos tienen vida eterna porque te conocen "a ti, el único Dios verdadero y, a Jesucristo, a quien has enviado" (Jn 17:3).

Sin embargo, una vez más, los herejes pueden malinterpretar. Pueden argumentar (y en el mundo antiguo lo hacían) que porque Jesucristo es enviado por el Padre, debe ser un siervo que es menos que el que lo envió. Porque, una vez más, en el uso pagano, "verdadero Dios" podría significar simplemente "verdaderamente divino", y eso no tiene por qué significar "igual al supremo primer principio divino, el Padre de todos".

Así que el credo hará un intento más de aclarar las cosas, introduciendo una distinción crucial.

# Engendrado, no hecho

Hacer y engendrar son dos formas fundamentalmente diferentes de dar vida a algo. En el sentido ordinario de las palabras, designan las actividades paradigmáticas del arte y la naturaleza, respectivamente. "Arte" (griego *techné*, latín *ars*), en el sentido original de esta palabra —que habría sido familiar para los obispos de Nicea y Constantinopla— tenía un significado mucho más amplio que el actual. Designaba cualquier tipo de habilidad u oficio. Cualquiera que hiciera bien las cosas estaba practicando un arte: tanto los carteros y los sargentos de instrucción como los escultores y los fabricantes de muebles. Precisamente en este sentido, las casas y los ejércitos, las esculturas y los muebles obtienen su existencia del arte, a diferencia de los pájaros y las abejas, los caballos y los humanos, que obtienen su existencia por naturaleza.

Por tanto, lo primero que dice el credo al contraponer el engendrar y el hacer es que el origen del Hijo de Dios se asemeja más a algo que nace por naturaleza que a algo que nace por arte. El Creador del cielo y de la tierra puede ser comparado con un artista que hace todas las cosas bien, con habilidad y sabiduría. Así es como "todas las cosas, visibles e invisibles" llegaron a ser. Pero no es así como el Hijo obtiene su ser del Padre. No es una de las cosas que Dios hizo; el Hijo es natural del Padre, su unigénito. Junto con el Padre y el Espíritu Santo es, para usar el término técnico introducido en la discusión del primer artículo, "increado".

Resulta que la palabra "creado", utilizada en las traducciones más antiguas ("engendrado, no creado"), es también un término técnico en teología. Tal y como la teología cristiana ha utilizado tradicionalmente el término, crear es una forma única de hacer, y solo Dios puede hacerlo. Los seres humanos hacen muchas cosas, pero en la Biblia y en el vocabulario tradicional de la teología cristiana solo Dios *crea*. Solo Dios, el Creador, hace cosas de la nada, sin necesidad de materiales para trabajar. Un artista humano hace una vasija de barro o una casa de madera, pero Dios es un artista que hace tanto las vasijas como el barro, las casas y la madera, y todos los elementos y partículas de los que están hechos el barro y la madera. Como creador de todas las cosas, no puede tener otros materiales para trabajar que los que él mismo ha hecho. Él es el único Creador, el único Hacedor que hace cosas de la nada. Todas las cosas, visibles e invisibles, son su creación, y todo lo que tiene existencia aparte del propio creador, es su criatura. Todo ser es criatura o creador, y no hay una tercera categoría.

Lo que el credo está diciendo en esta frase es que el Hijo eterno de Dios no pertenece a la categoría de "criatura". No está en la lista de "todas las cosas" que Dios ha hecho. Como vimos en el primer artículo del credo, no es criatura, sino creador, al igual que Dios Padre. Su papel en la obra de la creación es diferente al del Padre, y a eso llegaremos en breve. Y, por supuesto, cuando se encarna y nace de María, se convierte en criatura y, por tanto, es el único ser que es criatura y creador a la vez. Pero ahora nos centramos en su condición de creador y no de criatura, en su naturaleza divina y no en su naturaleza humana. Teniendo en cuenta este enfoque, podemos ampliar nuestra respuesta a la pregunta del niño: "¿Quién creó a Dios?". La respuesta es que nadie crea a Dios. Ni siquiera Dios puede crear a Dios. Sin embargo, Dios puede engendrar a Dios, y lo hizo.

La distinción entre engendrar y hacer o crear es una aclaración crucial, pero también puede llevarnos solo hasta cierto punto. Su significado es principalmente negativo: el origen del Hijo no es como el origen de algo hecho por el arte humano o divino. Pero las negaciones deben aplicarse también al engendramiento, ya que el Padre que engendra eternamente al Hijo no es como cualquier padre en la tierra; ni el engendramiento es como el que ocurre con los padres terrenales o las genealogías de la mitología pagana, donde los dioses y diosas se convierten en padres y madres de nuevos dioses y diosas. El Hijo no es un nuevo o segundo Dios, y no tiene madre, salvo en su naturaleza humana, que no es el tema central aquí. En su naturaleza divina viene directamente del Padre, "del ser del Padre", como decía el anterior credo del Concilio de Nicea en el año 325 d. C. No puede haber otra fuente para aquel que confesamos como "Dios verdadero de Dios verdadero".

Pero ahora acabamos de introducir la noción de "ser", el griego *ousía*, que también puede traducirse como "esencia". Este es un componente clave en el término más difícil e inusual del credo niceno, al que ahora nos referiremos.

## Con el mismo ser que el Padre

Esta frase, introducida originalmente en el credo de Nicea en el año 325 d. C., contiene la más famosa, distintiva y controvertida palabra del credo niceno de 381 d. C.: *homoousios*, una palabra inusual incluso en griego. Se compone de dos términos griegos ordinarios: el adjetivo *homo*, que significa "lo mismo" (que se encuentra en palabras derivadas del griego, como "homogéneo" y "homónimo"), y el sustantivo *ousía*, una palabra muy amplia que proviene del verbo griego "ser", que puede significar "ser" en cualquier sentido: como un ser individual, el hecho de que una cosa exista y la esencia de algo. "Esencia" es una buena traducción del término tal y como se utiliza en el credo, ya que reduce los posibles significados de *ousía* de una manera que refleja la forma en que el término *homoousios* llegó a utilizarse en la teología nicena. El uso de "uno" en lugar de "la misma" en las traducciones de *homoousios* no es tan útil. Traducciones como "de un solo ser con el Padre" y "de una sola esencia con el Padre" reflejan bien la insistencia de la teología nicena en que solo hay una *ousía* o esencia de Dios, pero no sugieren con tanta fuerza la enseñanza nicena de que todos los atributos divinos en el Hijo son *los mismos* que en el Padre.[15]

El Concilio de Nicea introdujo el término *homoousios* en el credo para excluir de forma inequívoca las enseñanzas de Arrio y sus seguidores, que podían interpretar (o más bien malinterpretar) otras frases del credo en un sentido compatible con su herejía. Pero decir que tenía el mismo ser o esencia que el Padre es algo que no podían aceptar. Aunque su significado preciso puede haber sido poco claro en la mente de muchos de los obispos del Concilio, el hecho de que esta frase hacía al Hijo de Dios tan divino como el Padre —divino en el mismo

---

[15] Los que quieran seguir de cerca este vocabulario se darán cuenta de que los estudiosos presentan a veces esta palabra con una terminación diferente: *homoousion*. Se diferencia de *homoousios* del mismo modo que "a él" se diferencia de "él": está en acusativo y no en nominativo. Se trata de una diferencia puramente gramatical, no de significado, y podemos ignorarla.

sentido, no en un sentido menor— estaba evidentemente bastante claro. Por eso, durante los años de controversia que siguieron al Concilio de Nicea, el significado de la palabra *ousía* se dirige hacia la "esencia". La enseñanza nicena es que el Hijo tiene la misma esencia que el Padre, en el sentido de que todo lo esencialmente divino es igual en Dios Hijo que en Dios Padre: el Hijo tiene la misma eternidad, omnipresencia, omnipotencia y omnisciencia que Dios Padre, y debe ser honrado con el mismo culto.

Otras traducciones de *homoousios* no dejan este punto tan claro como podría ser. Especialmente desafortunadas son las traducciones "de una sustancia con el Padre" y "consustancial con el Padre". Ambas derivan de la palabra latina *substantia*, que es una forma antigua de decir "esencia". El problema es que el significado actual de "sustancia" en español se refiere normalmente a un material de algún tipo, como cuando llamamos sustancia química a la sal o al óxido nitroso, o cuando hablamos de la sustancia utilizada para fabricar algo. Por ejemplo: podemos decir que dos anillos son "de la misma sustancia" si están hechos del mismo material, como el oro. Este sentido material de "sustancia" es uno de los posibles significados del término griego común *ousía*, pero está claro que no es el significado que el Concilio de Nicea tenía en mente. Los teólogos nicenos rechazaron enfáticamente la idea de que la sustancia de Dios fuera material o que pudiera dividirse, del mismo modo que un trozo de oro podría ser fundido y dividido para hacer dos o tres anillos. No hay tal sustancia en Dios, no hay material del que esté hecho, así que cuando hablamos de la *ousía* del Padre debemos referirnos a algo muy diferente.

Cualquiera que tenga un buen conocimiento del vocabulario filosófico latino sabrá que *substantia*, como *ousía*, no tiene por qué significar sustancia material. Pero cualquier otra persona en una iglesia que utilice la palabra "consustancial" o la frase "de una sola sustancia con el Padre" encontrará hoy en día este lenguaje oscuro —en el mejor de los casos— y positivamente engañoso —en el peor—. Por el bien de la inmensa mayoría de las personas que recitan el credo en español, sería mejor no utilizar estas traducciones.

Otro posible significado de *ousía* que se puede eliminar de la consideración es el de "ser individual" (lo que la tradición nicena designa posteriormente como hipóstasis). Si esto fuera lo que pretendía el Concilio de Nicea, entonces el credo estaría diciendo que el Hijo es el mismo ser que el Padre, como yo podría decir que mi hijo es el mismo ser que el padre de mis nietos. Si interpretamos el *homoousios* de esa manera, entonces "Padre" e "Hijo" serían simplemente dos nombres para la misma cosa. Esta es la herejía conocida como modalismo o sabelianismo, y no es la enseñanza de la fe nicena.

Dejando de lado estos malentendidos, nos quedamos con "ser" como el equivalente más cercano al término *ousía*, y con "esencia" como la mejor interpretación de una sola palabra del tipo de ser que la enseñanza nicena tiene en mente. La palabra "esencia" en sí misma, por supuesto, tiene sus ambigüedades, pero estas nos ayudan a entender la dirección que toma la teología nicena en los siglos posteriores. Para seguir esa dirección, es útil distinguir un sentido modesto y uno fuerte de *homoousios*. El sentido modesto es al que se compromete todo aquel que confiesa el credo niceno: que el Hijo no tiene un tipo de ser divino diferente al del Padre. El sentido fuerte es como se acaba usando el término cuando se piensa cuidadosamente en las consecuencias de aplicarlo a Dios en lugar de a las criaturas: que cada atributo divino en el Hijo es exactamente lo mismo que en el Padre.

La teología nicena, es decir, el pensamiento de las tradiciones que se adhieren a Nicea, aplica el término *homoousios* a las criaturas y al creador. Lo más importante es que el Concilio de Calcedonia enseña que Jesucristo es *homoousios* con nosotros en su humanidad, mientras que es *homoousios* con el Padre en su divinidad. El sentido modesto de "esencia" capta la intención de la primera mitad de esta enseñanza. Decir que es *homoousios* con nosotros, los seres humanos, significa que tiene la misma esencia humana que cualquier ser humano, comparte la naturaleza humana como todo ser humano, y tiene todo lo que es esencial para ser humano (incluyendo, por ejemplo, tanto un alma como un cuerpo humano).

Aplicando este modesto sentido a la frase "*homoousios* con el Padre", encontramos que Calcedonia interpreta el credo niceno en el sentido de que el Hijo tiene todos los rasgos esenciales de la divinidad, y no un tipo de divinidad diferente a la del Padre. Este es el sentido del término que excluye la enseñanza de Arrio, así como toda teología que subordine el Hijo al Padre como si fuera un ser divino secundario o menor. Lo que no hace este modesto sentido de *homoousios* es explicar cómo es que el Padre y el Hijo son un solo Dios. Después de todo, ese no fue el propósito por el que el Concilio de Nicea lo insertó en el credo. Pero una vez que se tiene la noción de una esencia u *ousía* divina en la teología, se tiene que preguntar qué es lo único que tiene, cómo es diferente de la esencia u *ousía* de cualquier criatura. Eso es lo que lleva al fuerte sentido de la *ousía* en la teología nicena.

La idea básica es que en Dios todo es esencial, lo que significa que es inmutable. Por ejemplo: la sabiduría de Dios Padre es la misma sabiduría eterna y omnisciente que pertenece a Dios Hijo. Ni siquiera son dos ejemplos del mismo tipo de sabiduría, como, por ejemplo, la sabiduría de María y la de Juan. Porque la sabiduría de estos dos seres humanos cambiaba a medida que crecían y aprendían cosas nuevas, y como ninguno de ellos era ni siquiera cercano a la omnisciencia, cada uno sabía cosas que el otro no sabía. Toda la sabiduría humana es así, llena de detalles que los demás desconocen, como el conocimiento de nuestra propia ciudad natal y de nuestra familia. Pero entre Dios Padre y Dios Hijo no hay tal diferencia: saben exactamente las mismas cosas y tienen exactamente la misma sabiduría, pues solo hay una sabiduría de Dios, que ambos tienen. De ahí la conclusión que se desprende del sentido fuerte de *homoousios*: como la esencia divina es la misma en el Padre y en el Hijo —y también en el Espíritu Santo—, hay en Dios una sola sabiduría, un solo conocimiento y, asimismo, un solo poder omnipotente y una sola voluntad, además de una sola eternidad y una sola omnipresencia. Una confesión posterior de la tradición nicena ilustra este punto de manera memorable, hablando del "Padre eterno, el Hijo eterno y el Espíritu Santo eterno, y, sin embargo, no son tres eternos, sino un solo Eterno" y "asimismo, el Padre todopoderoso, el Hijo todopoderoso y el Espíritu Santo todopoderoso, y sin embargo no son tres todopoderosos, sino un solo todopoderoso".[16] Por tanto, en conclusión: "Dios el Padre, Dios Hijo y Dios Espíritu Santo, y sin embargo no hay tres dioses, sino un solo Dios". Para cuando la tradición nicena llega a este punto, el *homoousios* ha sido obviamente aplicado al Espíritu Santo, así como al Hijo, por lo que la enseñanza nicena es que la *ousía* o esencia del Padre no es diferente de la del Hijo y del Espíritu Santo. Es la única esencia del único Dios, completamente la misma en el Padre, el Hijo y el Espíritu Santo. Este es el sentido fuerte de *homoousios*, que no es necesario conocer para confesar el credo niceno, pero al que la teología nicena conduce inevitablemente cuando se sigue su lógica con cuidado.

Unas cuantas notas más sobre la terminología filosófica pueden ser útiles para aquellos que deseen embarcarse en un estudio más profundo. A medida que se desarrolla la tradición nicena, el término "naturaleza" (*physis* en griego, *natura* en latín) se utiliza como equivalente a *ousía* o esencia. Así, Jesús es *homoousios* con nosotros porque

---

[16] Se trata de la confesión de fe en latín conocida como *Quicunque vult* (por sus palabras iniciales) o "El credo de Atanasio". No obstante, este último nombre es engañoso; de hecho, no conocemos su autor, pero ciertamente no deriva de la iglesia griega del padre Atanasio. La teología se desprende del padre de la Iglesia latina Agustín.

comparte la naturaleza humana con nosotros, y es *homoousios* con el Padre porque la única naturaleza divina pertenece plenamente y por igual al Padre, al Hijo y al Espíritu Santo.

En inglés, otro término que designa la naturaleza divina es "Godhead", que es un término muy anticuado que confunde a muchos estudiantes.[17] Hoy en día, si tuviéramos que inventar una palabra como esta, sería algo así como "Godhood", divinidad. Sin embargo, una vez que te acostumbras a ella, es una palabra muy útil para designar todo lo que es esencial o característico de Dios. También se podría utilizar la palabra "divinidad" de forma paralela a como utilizamos la palabra "humanidad" para designar lo que todos los seres humanos tienen en común. Pero como "divinidad" es un término muy vago (como hemos visto en el uso pagano) algunos estudiosos siguen considerando que vale la pena utilizar el antiguo término "Godhead", que hoy en día solo utilizan los cristianos, para designar la esencia única divina u *ousía*.

Y una última nota sobre la belleza de la enseñanza nicena. Vale la pena reflexionar sobre la frase del credo original de Nicea que dice que el Hijo fue engendrado "del ser del Padre". La *ousía* divina, el ser o la esencia de Dios, pertenece por igual al Padre, al Hijo y al Espíritu Santo; pero se origina en el Padre, que la otorga enteramente al Hijo cuando le da su propio ser, y lo mismo sucede con el Espíritu, cuyo propio ser se origina en el ser del Padre, que es la fuente de todo ser divino. Es un pensamiento hermoso: el Padre es el Padre —se convierte en sí mismo— al dar eternamente todo lo que es suyo al Hijo, como el Hijo es el Hijo al recibir eternamente todo lo que es del Padre. Esta es la fuerza del amor divino, el único amor de Dios del que también participa plenamente el Espíritu Santo, recibiendo todo lo que es y tiene del Padre, que es la fuente de todo lo divino.

---

[17] En español no tenemos un equivalente, por lo que usaríamos "divinidad" o "esencia divina" para traducir tanto "Godhead" como el término que inventa el autor más adelante, "Godhood" (N. del Ed.).

# Por medio de quien todas las cosas llegaron a ser

El vocabulario griego aquí es completamente el mismo que en Juan 1:3, que describe la creación del mundo a través del Verbo que estaba con Dios en el principio: "Todas las cosas fueron hechas por medio de él, y sin él nada de lo que ha sido hecho, fue hecho".[18] Una vez más, como en el primer artículo, nos encontramos con el contraste entre "todas las cosas" y el Creador de todas las cosas. Pero aquí el verbo (*egeneto*) es un término muy amplio para lo que llega a ser o sucede o se convierte en algo. A menudo, en las traducciones más antiguas, el verbo se traduce como "fue hecho", debido principalmente a la influencia del latín, donde la forma de decir que algo llegó a ser, es decir, que fue hecho para ser (*factus est*). Pero es útil quedarse con la traducción más precisa, "llegaron a ser", para tener clara la diferencia entre este y el verbo "hacer" (*poein* en griego).

El uso de este verbo por parte de Juan subraya que todas las cosas deben ser creadas por la Palabra de Dios. Nos da un modelo de creación diferente del de un artista que hace las cosas con la habilidad de sus manos. Se parece más a "ordenó y fueron creados" (Sal 148:5) y a "dijo Dios: 'Sea la luz'. Y hubo luz" (Gn 1:3). Los dos modelos no están en conflicto, sino que ambos señalan el poder único e incomprensible de la creación divina, que no se parece a la forma en que cualquier criatura trae las cosas a existencia. Las cosas llegan a ser por la creación de Dios de una manera diferente a cuando un constructor construye una casa, o un autor escribe un libro, o un músico compone una sinfonía. Todas estas cosas son productos humanos que también son creaciones divinas, porque son elementos de la lista de "todas las cosas", y ninguna de ellas llegó a existir sin la Palabra de Dios. Por tanto, la creatividad única de Dios no compite ni entra en conflicto con el arte de las criaturas que hacen cosas como casas, libros y sinfonías.

---

[18] Esta es mi traducción, traduciendo dos ocurrencias de *egeneto* con "llegó a ser", para facilitar el seguimiento del vocabulario.

Los teólogos han distinguido de forma útil entre la "causalidad primaria" de Dios como Primera Causa y creador, y el poder totalmente diferente y menor que es la "causalidad secundaria" de las criaturas que hacen cosas, como los constructores, autores y compositores. Podemos imaginar la diferencia como la que existe entre una cadena de causas y efectos que operan horizontalmente en una línea de tiempo, y el poder vertical que sostiene toda la línea de tiempo y la mantiene en el ser, ya que Dios tiene toda la creación y su historia en su mano. Antes era más fácil hablar de esta diferencia, porque hasta el siglo XVIII no se hablaba del ser humano como "creador". La Biblia y la teología eran lo suficientemente conocidas como para que solo se describiera a Dios como creador de cosas. Hoy en día, por el contrario, tenemos que lidiar con el uso extendido de palabras como "crear" y "creatividad" que pueden hacer parecer que, si un artista creó una pintura, Dios no es su creador, lo cual es falso. El cuadro, como el propio artista, está en la lista de "todas las cosas", ninguna de las cuales llegó a existir sin la Palabra de Dios. Se trata de una proposición que significa "ambos/también", ya que tanto la causalidad primaria como la secundaria —tanto el poder vertical como el horizontal— son reales. Dado que Dios es el creador de todas las cosas, y que ha dado vida a toda la línea de tiempo, el artista es real y verdaderamente el creador de la pintura. Porque por la Palabra de Dios todas las cosas llegan a ser real y verdaderamente.

*Excursus: La Palabra (el Verbo) y las analogías*

El Hijo unigénito de Dios también es llamado el Verbo o la Palabra (*Logos* griego). A pesar de que el término "Palabra" o "Verbo" no se utiliza en el credo niceno, es un término importante que hay que conocer si se quiere entender la enseñanza de los Padres de la Iglesia nicena. Por ello, este *excursus* ofrece una rápida inmersión en la terminología trinitaria fuera del credo para aquellos que deseen profundizar en ella. Para una presentación más sencilla de la doctrina de la Trinidad, sin los términos técnicos, véase el Epílogo.

La relación entre "Verbo" e "Hijo" se establece mediante el término "unigénito" (*monogenes*), tal como se utiliza en el prólogo del primer capítulo del Evangelio de Juan. Por un lado, el término se relaciona con el Hijo, ya que se refiere al maravilloso pasaje del capítulo tercero en el que Dios envía a su Hijo unigénito al mundo para salvarlo (Jn 3:16). Por otra parte, también se remonta a las primeras palabras del Evangelio, sobre el Verbo que estaba con Dios en el principio (Jn 1:1). Pues el término "unigénito" aparece por primera vez en el gran versículo sobre la encarnación del Verbo: "El Verbo se hizo carne, y habitó entre nosotros, y vimos su gloria, gloria como del unigénito del Padre" (Jn 1:14).[19] En este gran versículo, "el unigénito" se refiere a la misma persona que también se describe como "el Verbo". Uniendo todas las conexiones, está claro que el Hijo unigénito es el Verbo que estaba en el principio con Dios.

Así que los Padres de la Iglesia tenían buenas razones cuando pensaban en el principio de todas las cosas para referirse primero al Verbo. El prólogo del Evangelio de Juan nos da lo que los teólogos llaman *protología*, un relato de los comienzos, para que coincida con la *escatología*, el relato del fin y la meta de todas las cosas, dado en Filipenses 2:10, 11, cuando toda rodilla se doble y toda lengua confiese que Jesús es el Señor. Si esa gloria revela quién es Jesús al final, entonces

---

[19] Muchas traducciones añaden la palabra "Hijo" después de "unigénito" en este versículo, pero no hay ninguna palabra para "Hijo" aquí en el griego.

¿quién es él en el comienzo? La respuesta de Juan: es el Verbo, el *Logos* que estaba en el principio con Dios (Jn 1:1) y por el que todas las cosas llegaron a ser (Jn 1:3).

El término "Palabra" o "Verbo" tiene una historia compleja, ya que resonaba profundamente en el lenguaje de la filosofía antigua, donde *Logos* significaba "razón" además de "palabra". Los Padres de la Iglesia vieron estoy no pudieron dejar de pensar en la razón divina por la que se formó el mundo, identificándola con la sabiduría que estaba con el Señor al principio de su obra de creación (Pr 8:22-31) y también con Cristo como el poder de Dios y la sabiduría de Dios (1 Co 1:24). Una de las consecuencias de Nicea, sin embargo, es que esta razón divina o *Logos* no podía ser concebida de la manera en que los filósofos la consideraban, como una especie de ser subordinado, intermediario, entre el primer principio divino por encima de todas las cosas y el mundo creado por debajo, como si el *Logos* fuera un tercer tipo de ser, en medio entre Dios y el mundo, no totalmente Dios, pero no exactamente parte de la creación. El credo niceno no reconoce ningún ser intermedio entre Dios y la creación. Todo lo que existe es o bien el creador o una criatura, sin ningún tercer tipo de ser. Por tanto, no hay nada que medie entre Dios y la creación, excepto aquel que es a la vez creador y criatura, el hombre Jesús, que es el "único mediador entre Dios y los hombres" (1 Tm 2:5). Como Dios encarnado, no es un tercer tipo de ser, sino que es tanto creador como criatura, pues es Dios y hombre en una sola persona.

Una vez que este punto quedó claro, los teólogos pudieron utilizar el término "Palabra" o "Verbo" en analogías que podrían ayudarnos a entender cómo solo hay un Dios, aunque Dios sea Padre, Hijo y Espíritu Santo, y ahora también podemos decir, Dios, Palabra y Espíritu. Para construir una analogía basada en estos tres últimos términos, se puede pensar en la palabra humana o *logos* como el pensamiento racional interno o la concepción de una mente que también tiene la voluntad o el amor como el carácter de su espíritu. De este modo se obtienen tres realidades diferentes —mente, pensamiento y amor— que siguen siendo distintas pero que no suman tres seres humanos, del mismo modo que Dios y su Palabra y su Espíritu siguen siendo distintos pero no suman tres Dioses.

Este tipo de analogía psicológica, como ha llegado a denominarse, ha desempeñado un papel importante en la teología occidental, comenzando especialmente con Agustín, el gran padre africano de la iglesia, y en teólogos medievales como Tomás de Aquino.

Pero, por supuesto, la analogía solo puede llevarnos hasta cierto punto. Agustín insiste en esto, remarcando la insuficiencia y limitación de toda analogía de Dios, porque toda analogía se basa en algún tipo de semejanza, y ninguna semejanza de Dios es igual a Dios, excepto el propio Hijo de Dios. Como señaló un consejo eclesiástico medieval (IV Concilio de Letrán, en 1215): en cada semejanza de Dios hay una semejanza mayor. No hay ninguna paradoja en esto, ya que dos cosas que se parecen en un aspecto son también diferentes en otros. Lo que sí es distintivo es que la desemejanza con Dios es siempre mayor que la semejanza. Tomás de Aquino ayuda explicar esto señalando que cualquier semejanza con Dios es asimétrica. Las criaturas pueden parecerse a Dios, como dice Génesis 1:26, pero lo contrario no es cierto: Dios no se parece a nada de la creación.[20] La semejanza es, por así decirlo jerárquica: lo inferior puede parecerse a lo superior, pero lo superior no se parece a lo inferior; igual que su imagen en un espejo es su semejanza, pero usted no es su semejanza. Se parece a usted, pero usted no se parece a ella.

Porque toda analogía o semejanza de Dios es limitada e imperfecta, cada una necesita ser complementada por otras analogías o semejanzas. De ahí que las analogías psicológicas, enraizadas en el vocabulario bíblico de Dios y su Palabra, no puedan utilizarse sin las analogías sociales sugeridas por el vocabulario bíblico del Padre y del Hijo. Este último es el vocabulario del credo porque es el vocabulario del bautismo cristiano en el nombre del Padre, y del Hijo, y del Espíritu Santo. También es la base de un importante conjunto de términos técnicos de la teología trinitaria, según la cual hay tres personas en Dios, tres hipóstasis que tienen una esencia u *ousía*. Habrá que hacer importantes aclaraciones sobre esta terminología técnica cuando hablemos del Espíritu Santo.

---

[20] Aquino, *Suma Teológica*, parte I, cuestión 4, artículo 3, respuesta 4.

# ARTÍCULO 2

## PARTE II
## DIOS ENCARNADO

# Que por nosotros, los seres humanos, y por nuestra salvación

Aquí, por primera vez, el credo se dirige a nosotros, al género humano. Sin embargo, sigue contando la historia de Dios, no la nuestra. La historia es la buena noticia de quién es Dios y lo que ha hecho por nosotros en Cristo. Estamos en esta historia como los que reciben lo que Dios hace por nuestra salvación. Así que el credo no nos da nada que hacer, como la ley y sus mandamientos. No nos dice cómo salvarnos, sino que confiesa la fe en Cristo el Salvador, Dios encarnado. Por eso Martín Lutero considera el credo como un resumen del evangelio, la palabra salvadora de Dios que nos da a Cristo, y en él nos da la salvación, que se recibe solo por la fe. El relato evangélico es para todo el mundo, incluida toda la humanidad. Las versiones antiguas del credo son bastante claras en este punto, utilizando los términos genéricos para los seres humanos en griego y latín (*anthropous* y *homines*) en lugar de los términos para los hombres humanos. Desgraciadamente, tanto el español como el inglés se las arreglaron durante siglos utilizando "hombres y "men" para ambos. Mi traducción en el título refleja el uso de las lenguas originales.

Antes de continuar, hay que hacer una observación gramatical. El credo hasta la mitad del tercer artículo es una larga sentencia en griego. El segundo artículo, hasta su última frase, consiste enteramente de una serie de frases verbales con el mismo sujeto gramatical: "Un solo Señor, Jesucristo, el Hijo unigénito de Dios". Este sujeto está modificado por dos cláusulas "quien", empezando por "quien fue engendrado por el Padre antes de todas las edades" y "quien por nosotros los seres humanos y para nuestra salvación bajó del cielo". Como veremos, es muy importante que todos los verbos de estas cláusulas tengan el mismo sujeto gramatical.

# Descendió del cielo

Desde la perspectiva del credo, lo más importante del cielo es que Jesús está allí a la derecha del Padre. Este también es el cielo de los cielos, el lugar más allá de los lugares del que habrá que hablar más cuando el credo llegue a mencionar su ascensión. Lo que la presente frase nos dice es que antes de ascender, descendió. "Nadie ha subido al cielo, sino Aquel que bajó del cielo" (Jn 3:13). Vino a nosotros desde el cielo, donde los ángeles le adoraban en gloria desde el principio. Viene de allí, pero no se contentó con quedarse allí. El amor lo hizo descender, para que habitara entre nosotros y que podamos contemplar su gloria, la gloria del unigénito del Padre (Jn 1:14).

Esto es característico del cielo, que a lo largo de la Biblia se describe en términos de lo que da a la tierra. Comienza en el primer capítulo del Génesis con las criaturas del cielo visibles que dan luz a la tierra: el sol y la luna marcan los tiempos y las estaciones, los años, los meses y los días a partir de sus movimientos sobre nosotros (Gn 1:14, 15). Del cielo visible proviene también el poder de la vida para todas las cosas de la tierra, con la lluvia que riega los campos y el sol que otorga su calor y energía a todo lo que crece desde el suelo. Por eso David puede comparar a un buen rey con el sol que brilla en una mañana sin nubes y con la lluvia que hace brotar la hierba de la tierra (2 S 23:2). Porque todo don bueno y perfecto viene de arriba, del Padre de las luces (St 1:17), que habita en la luz inaccesible (1 Tm 6:16) por encima de todas las luminarias y movimientos del cielo visible, en un reino donde nada envejece ni muere. Sin embargo, la luz del cielo sigue descendiendo para otorgar su energía vivificante a la tierra siempre cambiante, donde la vida solo sucede en carne, pasando por el nacimiento, el crecimiento, la decadencia y la muerte.

Cuando oramos por la llegada del reino de Dios, pedimos lo que solo el cielo puede dar a la tierra: que la buena voluntad de nuestro Padre, su justicia y misericordia celestiales y su amor constante, reinen "en la tierra como en el cielo" (Mt 6:10). Como los agricultores que esperan el sol y la lluvia, nosotros esperamos los dones de lo alto, incluida la luz de la revelación. Desde el reino invisible del trono de Dios en lo alto, oculto a nuestros ojos y mentes, las cosas buenas están preparadas para ser reveladas y brillar en el momento oportuno. Así, en el momento en que Israel fue sacado de Egipto, el modelo del tabernáculo fue revelado a Moisés en la montaña para que el culto en la tierra comenzara a imitar el culto en el templo celestial que no está hecho con manos (Hb 8:5). Así también Pablo habla del misterio de Cristo "escondido desde siempre en Dios, que creó todas las cosas" (Ef 3:9), que ahora ha sido revelado por el Espíritu a través de los profetas y los apóstoles (Ef 3:5): el misterio que es, sencillamente, Jesucristo (Col 1:27, 2:2).

La venida de Cristo del cielo es la nueva revelación de lo que es más antiguo que la fundación de la tierra. A diferencia de la lluvia y el sol que descienden de los cielos visibles, no requiere un movimiento físico de un lugar a otro. Este es el descenso del propio creador, que por naturaleza está presente en todo lo que ha hecho. Toda la creación está en su mano, y no puede haber distancia en el espacio entre él y cualquier criatura. Así explica Agustín su descenso: "Se dice que vino a nosotros, no de un lugar a otro a través del espacio, sino apareciendo a los mortales en carne mortal".[21] El Creador no puede estar ausente de ningún lugar que haya creado —incluso cuando bajamos al lugar de los muertos, él está allí (Sal 139:8)—, pero lo que sí puede hacer es revelarse de una manera totalmente nueva, haciendo manifiesta su gracia preparada en el cielo desde el principio, el misterio de la salvación que ha estado oculto durante largas edades, pero que ahora se revela en la carne humana, que en Jesucristo se ha convertido en la propia carne de Dios. Este es el descenso del Hijo unigénito de Dios que sigue ahora el credo.

---

[21] Agustín, *On Christian Doctrine*, trad. D. W. Robertson (Macmillan,1958) 1:12.12. Para un tratamiento completo de este tema del descenso del Dios omnipresente en la encarnación, véase la Carta 137 de Agustín, que es en efecto su tratado sobre la encarnación.

# Y fue encarnado

"Encarnación" es el nombre de la doctrina cristiana acerca de quién es Jesús, centrándose en que es a la vez Dios y hombre. Es el Hijo unigénito de Dios que se ha hecho uno de nosotros, tan plenamente humano como plenamente Dios. El término griego que el credo utiliza aquí para designar su humanidad, *sarkothenta*, se refiere a la carne y podría traducirse —si queremos ser hiperliterales— como "fue revestido de carne". Se basa en el sustantivo *sarx*, del que obtenemos "sarcófago", el lugar donde se entierra la carne muerta. La palabra sugiere mortalidad y debilidad, cosas que pueden sufrir y morir. El término en latín, *incarnatus*, reflejado aquí en nuestra palabra en español, se basa en la palabra raíz *carnem*, como la palabra en español carne, y puede referirse a la carne de un animal, como la carne de vaca o de cerdo en un guisado. Esta es otra faceta de su bajada del cielo: es una bajada real para que Dios se convierta en un trozo de carne, como nosotros, un animal que nace y come, y defeca y muere, el tipo de criatura que podría convertirse literalmente en una comida para un carnívoro.

Dios *escoge* esto. Esta elección es lo que indica la Biblia cuando dice que "se humilló a sí mismo" (Flp 2:8). Ser humillado es ser degradado, rebajado, puesto en un lugar humilde, como alguien que debe sentarse en la parte trasera del autobús o lejos de la cabecera de la mesa (Lc 14:9). Ningún otro ser humano escogió ser lo que todos nosotros somos: animales que nacen, sufren y mueren. Solo Dios podía *escoger* ser humano, y lo hizo. Esta es su "elección" eterna, para usar el término teológico derivado de la palabra latina para "elección". La gracia de esta elección, el amor de Dios por el que eligió ser humano, es el secreto en el corazón de la historia humana y de todo el universo de la creación; es el misterio oculto desde el principio y ahora dado a conocer, predicado por los apóstoles, plasmado en las Escrituras y enseñado por el credo.

El término "encarnación" tiene una larga historia desde el credo, y ya no es utilizado solo por los cristianos. Por lo tanto, es necesario que seamos claros: cuando el credo utiliza el término, no se refiere a nadie más que a Jesucristo. Encarnación no es lo mismo que tener un cuerpo, pues todo ser humano vivo posee un cuerpo, pero solo Cristo es Dios encarnado. Tampoco debe confundirse con la reencarnación, término moderno para una antigua doctrina religiosa ajena al cristianismo. La reencarnación es una noción muy extendida, común tanto en la antigua Grecia como en la India, que está casi siempre ligada al deseo de escapar de la encarnación y de la rueda del renacimiento por la que cada alma sigue viniendo a la tierra como otro ser humano que sufre y muere. Es un deseo que empuja a las personas en la dirección opuesta a la humildad que el Hijo de Dios eligió para sí mismo al hacerse carne. El término hebreo para "carne" en las Escrituras se refiere a todo lo que hay en el ser humano que es vulnerable y necesitado, sujeto a heridas, traumatismos y enfermedades.[22] Se tradujo al griego por la palabra *sarx*, que apunta a la muerte y la decadencia como las características clave de nuestros cuerpos, lo que somos que va a la tierra y se pudre. Pablo habla de la destrucción de la muerte y de la decadencia cuando dice del cuerpo que es puesto a descansar en Cristo: "Es necesario que esto corruptible se vista de incorrupción, y esto mortal se haya vestido de inmortalidad" (1 Co 15:53). El término griego para "corrupción" es la fea palabra *phthora* —es casi imposible decirla sin escupir—, lo que puede referirse a cualquier cosa que se descompone y se echa a perder. La corruptibilidad, la tendencia a la decadencia, es el camino de toda carne, y su fin es la muerte. Lo que el Hijo de Dios ha hecho al tomar nuestra carne invierte nuestra corruptibilidad, revistiendo toda nuestra debilidad mortal con el poder glorioso de la vida eterna. Porque su carne es la carne de Dios mismo, entregada para la vida del mundo, de modo que en el cuerpo de Cristo tenemos la maravilla de la carne que da vida (Jn 6:51).

Como nota final, las traducciones que dicen que se "volvió encarnado" están añadiendo algo que el credo evita decir. La noción de convertirse (o llegar a ser) pertenece al mundo de las cosas cambiantes, las que llegan a ser y también dejan de ser. Los Padres de la Iglesia, convencidos de que Dios es inmutable, evitaron hablar así de Dios, incluso al describir la encarnación. Veremos más sobre cómo se las arreglaron para evitar esto cuando lleguemos a la frase traducida en español como "se hizo humano".

---

[22] Para una guía útil de la antigua terminología hebrea para "carne", "alma", "espíritu", "corazón", etc., véase Hans Walter Wolff, *Anthropology of the Old Testament*, ed. rev. (SCM Press, 2012).

# Del Espíritu Santo

La elección de Dios, la elección del Hijo unigénito para humillarse y tomar nuestra carne, se realiza por el Espíritu Santo, que se menciona ahora por primera vez en el credo. Porque él es el dador de vida, y este es el momento central en el que Dios da vida a su creación. Él es quien habla por medio de los profetas, y esta es la gran revelación de Dios en la tierra de la que dan testimonio los profetas. Él es el que completa y lleva a la perfección toda la obra de Dios, y así estará con la iglesia, el cuerpo de Cristo, durante toda su vida en el mundo y en la era venidera.

Tenemos aquí la declaración más importante del credo sobre lo que la tradición de la iglesia llama "la Trinidad". Toda obra de Dios es obra única del Padre, del Hijo y del Espíritu Santo. Como la esencia misma de Dios, se origina en el Padre, se entrega al Hijo y es llevada a término por el Espíritu Santo. Así, el padre de la Iglesia griega Gregorio de Nisa dice que el poder de Dios siempre "brota del Padre como de un manantial, es puesto en marcha por el Hijo, y la gracia es perfeccionada por el poder del Espíritu Santo".[23] El hecho de que toda obra de Dios sea obra del Padre, del Hijo y del Espíritu Santo en una sola acción es fundamental para Gregorio, porque es la razón por la que los cristianos insisten en que solo hay un Dios. La unicidad de la obra de Dios no es una mera cooperación, como la de Pablo, Bernabé y Silas, que pueden trabajar juntos en el mismo ministerio y luego tener una discusión y seguir caminos separados. Solo hay un Dios, por lo que toda la obra de Dios es necesaria e inseparablemente la obra de toda la Trinidad: Padre, Hijo y Espíritu Santo.

Pero la obra de la encarnación no es realizada solo por la Trinidad, pues hay una participación humana en ella desde el momento en que se inicia en la tierra. El griego original del credo niceno simplemente une esta contribución humana a la obra divina al hablar del Espíritu

---

[23] Del tratado de Gregorio "A Ablabio, sobre 'No tres dioses'"; traducción mía.

Santo y de la Virgen María juntos como objetos de la preposición "de" (*ek*). La traducción latina estándar, reflejada en muchas versiones al español e inglés, insinúa la diferencia entre ambas al hablar de que Cristo encarnó "del" Espíritu Santo y "en" o "desde" (*ex*) la Virgen María. Y algunas traducciones recientes añaden una paráfrasis para hacer explícita la diferencia: "Por el poder del Espíritu Santo". Esta formulación recoge el pasaje bíblico que es la base de esta parte del credo: el pasaje en que el ángel anuncia a María que el Espíritu Santo vendrá sobre ella como "el poder del Altísimo" que la envolverá (Lc 1:35). Porque el poder que hace posible la encarnación de Dios es solo el poder de Dios, el único poder de la Trinidad: Padre, Hijo y Espíritu Santo. Sin embargo, la gracia de la encarnación no sería plena sin un compañero humano, al que el credo se dirige ahora.

# Y la Virgen María

El orden real de las palabras, tanto en griego como en latín, es "María la Virgen". Hay que tener en cuenta que su nombre es lo primero, luego su condición. A lo largo de los siglos, la descripción de su condición se ha unido tan firmemente a su nombre que, de hecho, se ha convertido en parte de él, como "Cristo" se ha unido al nombre de Jesús y nos ha dado el nombre de "Jesucristo". La mayoría de los cristianos, especialmente los católicos romanos, la llaman Santísima Virgen María. "Bendita", también, se ha convertido como en parte de su nombre, como ella misma canta en su hermoso asombro: "Todas las generaciones me llamarán bienaventurada" (Lc 1:48).

Ella canta, magnificando el Nombre del Señor, porque ha hecho grandes cosas con ella (Lc 1:49). Por el poder del Espíritu Santo, sin ayuda de un hombre —este es el significado crucial de su virginidad— la ha hecho, como atestigua su prima Elisabet, "madre de mi Señor" (Lc 1:43). Por eso, la tradición latina la llama Madre de Dios (*Mater Dei*) y la griega, "portadora de Dios" (*Theotokos*). Es portadora de Dios porque da a luz a Jesús, que es Dios verdadero de Dios verdadero. Y es la Madre de Dios porque es la madre del verdadero Dios, Jesús; es el ser humano del que tomó carne humana, como cualquier niño que crece dentro de su madre y se nutre de su sangre vital. Porque es tan verdaderamente humano como cualquier niño en el vientre materno, y tan verdaderamente Dios como Dios Padre.

Decir que María es la Madre de Dios no significa, por tanto, algo tan absurdo como decir que es el origen de Dios. El credo ya ha dejado bien claro el origen divino de Jesucristo: es el Hijo unigénito del Padre antes de todas las edades. Así que los Padres de la Iglesia enseñan que hay dos nacimientos del Hijo de Dios, un nacimiento en la eternidad y un nacimiento en el tiempo. Es engendrado eternamente por el Padre antes de todos los mundos y tiempos, y también nace de la Virgen María en un determinado tiempo y lugar en este mundo. Su divinidad comienza con Dios Padre, pero su humanidad comienza con la obra del Espíritu Santo en la obediencia de María la Virgen.

Su obediencia se resume maravillosamente en la tradición latina con la palabra *fiat*, de la frase *fiat mihi secundum verbum tuum*, "hágase en mí según tu palabra" (Lc 1:38), que sigue a su humilde autodescripción, *ecce ancilla Domini*, "aquí tienes a la sierva del Señor" (Lc 1:38). Se somete con humildad, como una esclava dispuesta, pues eso es lo que significa el término traducido amablemente como "sierva". Al igual que la humillación del Hijo de Dios que toma la forma de un esclavo en Filipenses 2:7 (traducido también amablemente como "siervo"), esta es una humildad real —de hecho, una humillación— y no la postura de alguien que pretende ser humilde. Como canta más tarde, después de que su prima haya hablado de su grandeza, "ha mirado la bajeza de su esclava" (Lc 1:48).[24] No está hablando de sus virtudes, sino de su pequeñez, de su bajo lugar en el esquema de las cosas, que ahora el Señor ha volteado por completo para que él también sea humillado y rebajado con ella.

Su *fiat*, "hágase", es el mismo que la primera palabra que Dios pronuncia en la Biblia latina cuando dice en el principio, *fiat lux*, "hágase la luz" (Gn 1:3). Por el *fiat* de Dios existe la creación, la existencia de todas las cosas, mientras que por el *fiat* de María existe la redención, el hombre Jesús, que es Dios haciendo nuevas todas las cosas. Su obediencia meramente humana es la humildad por la que el Hijo eterno de Dios desciende del cielo. Su humilde *fiat*, que se hace eco de la palabra de poder por la que todo se hizo realidad, es la mayor contribución puramente humana a la salvación del mundo. Con razón, todas las generaciones la llaman bienaventurada.

Vemos lo más profundo de la humildad divina cuando notamos que el credo está diciendo: el que nace de María la Virgen es el mismo que es eternamente engendrado por el Padre. El credo niceno lo dice de la manera más directa posible al tener un mismo sujeto gramatical para todos los verbos del artículo segundo del credo hasta este punto. El verbo "engendrado" tiene el mismo sujeto gramatical que el verbo "se encarnó", que tiene el mismo sujeto que los verbos "se hizo humano" y "fue crucificado". La declaración de fe del Concilio ecuménico de Calcedonia en el año 451 d. C. hace hincapié en este punto al utilizar la expresión "el mismo" cinco veces en una larga frase que describe a "un mismo Hijo, que es nuestro Señor Jesucristo". El resultado es tan repetitivo que pocas traducciones incluyen realmente cada instancia de "el mismo", porque da una sensación muy incómoda. Pero es

---

[24] Traducción mía. "Bajeza" traduce la misma palabra que también puede traducirse como "humildad" o "humillación".

mejor mantenerla, para que nos golpeemos la cabeza con lo que es, en efecto, la interpretación calcedoniana del credo niceno. El mismo que es eternamente engendrado por el Padre es el mismo que bajó del cielo; el mismo que se encarnó del Espíritu Santo y de María la Virgen; el mismo que fue crucificado bajo Poncio Pilato; el mismo que así sufrió y fue sepultado; el mismo que resucitó y está entronizado ahora a la derecha del Padre.

El uso del mismo sujeto gramatical para todos estos verbos es la forma en que el credo describe al que es tanto la segunda persona de la Trinidad como el hombre Jesús. El término "persona" tiene aquí un antiguo significado técnico en teología, como veremos al hablar del Espíritu Santo, la tercera persona de la Trinidad, pero el sentido de su uso se capta de forma menos técnica por la sencilla gramática del credo. Lo que la teología cristiana quiere declarar al afirmar que Jesús es una persona con dos naturalezas se presenta en el credo cuando habla de que él mismo —al emplear el mismo sujeto gramatical— tiene dos nacimientos: es engendrado por el Padre y también nacido de la Virgen María. Por tener estos dos nacimientos, es a la vez verdaderamente Dios y verdaderamente humano.

# Y se hizo humano

Una vez más, como en la frase "por medio de quien todas las cosas llegaron a ser", el latín dice "fue hecho" (*factus est*) en lugar de que "llegó a ser" o "convertirse", y las traducciones más antiguas siguen el ejemplo, diciendo que "fue hecho hombre". Sin embargo, el griego evita el lenguaje de hacer y llegar a ser. Para traducirlo hiperliteralmente, el Hijo de Dios no solo fue "encarnado" sino "*en*-humanizado". El credo evita así sugerir que él se *convierte* en algo diferente o que *se ha hecho* otra cosa al encarnarse. Más bien, como dice el padre de la Iglesia griega Gregorio Nacianceno: "Siguió siendo lo que era y tomó lo que no era".[25] Es decir, permanece sin cambios como eterno Hijo de Dios, incluso cuando asume nuestra humanidad mortal y la hace suya.

Que el Hijo de Dios tome nuestra carne hace que sea plenamente humano. Y en la Biblia, como hemos visto, la carne significa la naturaleza humana en su vulnerabilidad, corruptibilidad y necesidad. Así que "carne" no es solo "cuerpo". El alma, la mente y el corazón pueden estar heridos, traumatizados, enfermos y corrompidos. No hay ninguna parte de nosotros que sea invulnerable al pecado y al sufrimiento. Por eso, si Dios quiere salvar nuestras almas además de nuestros cuerpos, debe hacer suya el alma humana, incluyendo la mente, la razón y la voluntad humanas. Porque como también mencionó Gregorio Nacianceno, lo que no es tomado y asumido no es curado.[26] El verbo "asumir" o "tomar" refleja el lenguaje de Filipenses 2:7, donde Cristo, en forma de Dios, "tomó la forma de siervo". Los Padres de la Iglesia utilizan este verbo con frecuencia para señalar que el Hijo de Dios no se hizo hombre convirtiéndose en algo distinto de Dios. No dejó de ser el Dios eterno, sino que asumió nuestra humanidad tomando un alma y un cuerpo humanos y haciéndolos suyos. No se hizo Dios, sino

---

[25] Gregorio Nacianceno, Oración 29:19 (también conocida como Tercera oración teológica). Me parece una de las formulaciones más útiles de todos los Padres de la Iglesia para entender la lógica de la encarnación.

[26] Gregorio Nacianceno, Carta 101.

que añadió nuestra vulnerable humanidad a su divinidad inmutable, uniendo así humanidad y divinidad en una sola persona.

Esto es lo que el Concilio de Calcedonia tenía en mente cuando enseñó que Jesús es "verdadero Dios y verdadero hombre". Su humanidad no lo hace menos Dios, y su divinidad no lo hace menos humano. No es solo Dios con apariencia humana, como un ángel que puede aparecer temporalmente en forma humana. Si usted lee mucho de los Padres de la Iglesia, encontrará que dicen que es "el hombre perfecto", lo que no es una referencia a su perfección moral —hay otras palabras para eso—, sino a que es completamente humano, tan humano como nosotros, teniendo cuerpo, alma y mente, y todo lo que pertenece a la naturaleza humana.

No tiene pecado, por supuesto, pero el pecado no pertenece propiamente a la naturaleza humana. Es la forma como la naturaleza humana se corrompe, se dobla y retuerce fuera de su forma natural. Por su ausencia de pecado, Jesús vive en la plena integridad de la vida humana prevista por Dios desde el principio, sin la sucia deformación del pecado. Él inicia la restauración de la naturaleza humana al ser perfectamente humano, sin mancha ni defecto, como un cordero listo para el sacrificio de la Pascua (Ex 12:5). El sacrificio bíblico requiere siempre la ausencia de manchas, un animal sin heridas ni daños, perfecto en su especie (Lv 1:3, 3:1, 4:3, etc.). Por eso, en el gran sacrificio que pone fin a todos los sacrificios, tenemos a uno que no es literalmente un cordero, sino un hombre perfecto, sin mancha, aceptable y agradable a Dios, ofrecido por nosotros (Hb 9:14).

# Y fue crucificado también por nosotros bajo Poncio Pilato

El credo toca muy brevemente la cruz de Cristo, su sacrificio y su expiación. Lo más importante que tiene que decir al respecto es que la crucifixión del Hijo de Dios no es algo que haya ocurrido por casualidad. Por el contrario, es *para nosotros*, lo que significa que pertenece a toda la secuencia de lo que el credo dice que Dios ha hecho *por nosotros, los seres humanos, y por nuestra salvación*. A través de Poncio Pilato, de entre todas las personas, la voluntad de Dios se hace en la tierra como en el cielo. En cumplimiento de su plan eterno, Dios, en la plenitud de los tiempos, entregó a su Hijo por nosotros (Rm 8:32), lo que significa que Pilato lo entregó para ser crucificado (Mt 27:26, Jn 19:16) después de que Judas lo entregara a sus enemigos (Mt 26:16, 26:46). En griego es el mismo verbo —traducido "dado a" u "ofrecido", a veces "puesto a la deriva"— que muestra cómo los seres humanos, lo sepan o no, siguen haciendo cosas que cumplen el propósito de salvación de Dios. En su soberana providencia, Dios hace lo que hace a través de lo que nosotros hacemos.

Así que Dios tiene un uso para personas como Pilato, que sirven a sus propósitos, lo sepan o no. Esto concuerda con la providencia de Dios, que es el poder triunfante del amor de Dios por nosotros. El evangelio de Jesucristo es la historia de todo el mundo y de su historia; la historia es de Dios, y nada de lo que hagamos nos libra de ella. Podemos ser humildemente obedientes —como María— o cruelmente injustos —como Pilato—, pero siempre se hará la voluntad de Dios a través de nosotros y de nuestros actos. Y su voluntad es lo que hace por amor a nosotros y por nuestra salvación.

Por supuesto, la parte realmente dura de lo que hace Dios es la carga que lleva Dios mismo en su propia carne. La lógica del segundo artículo del credo, con su secuencia de verbos que tienen todos el mismo sujeto gramatical, tiene como consecuencia el que podamos decir —con razón— que es Dios quien cuelga en la cruz por nosotros. Porque el mismo que es Dios verdadero de Dios verdadero es el mismo que nació de María la Virgen y es también el mismo que fue crucificado bajo Poncio Pilato. Así que la lógica de la carne en el vientre de María se aplica también a la carne en la cruz de Pilato. Del mismo modo que ella es la Madre de Dios porque el niño que lleva es el verdadero Dios del verdadero Dios, la cruz que lleva a Jesús lleva al verdadero Dios, el que es llamado justamente con el Nombre del Señor. Sin embargo, así como María no origina la naturaleza divina de Jesús —que es suya porque ha sido engendrado por el Padre antes de todas las edades—, la cruz no destruye su naturaleza divina, que es eterna e inmutable y permanece inmortal aunque muera, derrotando así a la muerte como solo puede hacerlo el Dios inmortal.

# Y sufrió

Lo que Dios hace para salvarnos es lo que le sucede a su Hijo. Esta es solo una de las paradojas que encierra esta palabra, "sufrió", *pathonta* en griego y *passus* en latín, palabras que significan respectivamente sufrimiento y pasividad, no actividad. Por eso llamamos a los acontecimientos de la crucifixión la *pasión* de Cristo, su "no acción". A diferencia del uso moderno, que ve en la "pasión" una especie de energía y poder, el mundo antiguo utilizaba estas palabras para referirse no a lo que una persona hace, sino a lo que se le hace o sucede en ella, incluyendo las emociones apasionadas que toman el control de la vida de una persona sin que esta pueda hacer nada al respecto. Ese es el sentido inherente del antiguo contraste entre "hacer" y "sufrir", que corresponde al contraste entre la acción y la pasión, o la actividad y la pasividad.

Tenemos que captar este sentido de la pasión como sufrimiento y pasividad para captar la paradoja del obrar de Dios en Cristo, que convierte su pasión humana en una acción divina: la acción o la energía del Hijo de Dios haciendo su gran obra de redención del mundo, que lleva a cabo al sufrir las cosas horribles y vergonzosas que le hacen. Sin embargo, hasta aquí tenemos una paradoja relativamente superficial. Muchos valientes han hecho grandes cosas sufriendo grandes males. Nuestro Señor va a su sufrimiento en la cruz con una valentía nacida del amor y la obediencia, lo cual es maravilloso, pero no es una paradoja lógica profunda.

La profunda paradoja, en la que insistieron los Padres de la Iglesia, proviene de la verdad de que a Dios no se le puede hacer nada. No puede ser pasivo ni sufrir, pues la naturaleza y la esencia divina es ser activa, creadora, realizadora de todas las cosas, siempre causa y nunca efecto. Y, sin embargo, existe el gran "ambos/y" de la encarnación: permaneciendo lo que era, asumió lo que no era. Siguió siendo inmortal, pero en la carne mortal que asumió e hizo suya, murió. Permaneció impasible, es decir, más allá de la pasión y el sufrimiento, y sin embargo sufrió realmente en su pasión. Sufrió impasiblemente, como dijo el padre de la iglesia Cirilo de Alejandría, en una pasión impasible.[27]

La paradoja surge de la combinación de ambos aspectos de la encarnación en el corazón del relato evangélico. Lo impasible sufre la pasión porque Dios se hace hombre, el Creador se hace criatura, el Verbo se hace carne. El credo nos lo presenta en la serie de verbos del segundo artículo, identificando al mismo sujeto gramatical en sus dos nacimientos: engendrado por el Padre antes de todas las edades y, sin embargo, nacido de María durante el reinado de Augusto César, y el mismo crucificado bajo Poncio Pilato unos treinta años después, sufriendo y muriendo. Al situar su sufrimiento en la narración global proporcionada por los verbos del credo, se sugiere una interpretación de la paradoja de la pasión impasible. De hecho, ya se ha sugerido anteriormente, al hablar de su encarnación. Pues solo Jesucristo, de entre todos los que han sufrido en la carne, eligió activamente hacer suya esta carne pasible. Solo Dios tiene la libertad de elegir, desde el principio, ser humano, ser mortal, nacer, sufrir y morir, y, por tanto, hacer de ello su propia acción. En ese sentido, el impasible Hijo de Dios verdaderamente sufrió más que cualquier otro ser humano, pues solo él sufre plenamente por su propio acto, no porque el sufrimiento le sea impuesto, sino porque en la fuerza del amor divino ha elegido hacer de una vida de sufrimiento humano su propia vida. La redacción original del credo niceno, a diferencia del Credo de los Apóstoles, no menciona explícitamente la muerte de Cristo, pero ciertamente no evade el hecho de que murió, como deja claro la siguiente frase. Así que las nuevas traducciones no están añadiendo nada sustancial al decir que "sufrió la *muerte*". Si acaso, están estrechando la visión del credo al centrarse en el punto final de su sufrimiento en lugar de toda la vida que nuestro Señor Jesús pasó sufriendo con nosotros los efectos de la ira de Dios en este mundo pecador.

---

[27] Esta es una de las ideas más sorprendentes de este gran padre de la iglesia, que se encuentra en sus *Scholia on the Incarnation*, §35, traducido en John McGuckin, *Saint Cyril of Alexandria and the Christological Controversy* (St. Vladimir's Seminary Press, 2004), 332-333.

# Y fue sepultado

El descenso del Hijo eterno de Dios a nosotros, los mortales, se completa aquí, al recorrer el camino de toda carne hasta el final, que es ser un cadáver. En su entierro, nuestro Señor se une a los muertos en su lugar bajo la tierra, que la ira de Dios les asigna. Se une a nosotros bajo el juicio de Dios anunciado al propio Adán después de su desobediencia, diciéndole que volverá a la tierra, "porque de ella fuiste tomado; pues polvo eres, y al polvo volverás" (Gn 3:19). La muerte es el punto final del sufrimiento y la pasión, ya que nunca somos más pasivos que cuando estamos muertos. Un cadáver no puede hacer nada; más bien, solo le suceden cosas. Incluso el hecho de que se pudra y se convierta en polvo es un proceso de corrupción que ocurre en él, no un hecho que realiza. Así ocurrió con el Hijo unigénito de Dios en los tres días, cuando no era otro que el muerto Jesús. Su cadáver era la carne del Dios inmortal.

La tradición cristiana va más allá, aceptando la antigua definición común de la muerte puesta en circulación por Platón, que escribe de Sócrates el día de su ejecución diciendo que la muerte no es otra cosa que la separación del alma del cuerpo.[28] Si Sócrates tiene razón, entonces el eterno Hijo de Dios en su muerte humana estaba unido tanto a su alma como a su cuerpo incluso en su separación. Como dicen las liturgias ortodoxas orientales, en su cuerpo tiene un descanso sabático después de su poderosa obra en la cruz, mientras que su alma desciende al lugar de los muertos, donde solo él es "libre entre los muertos".[29] Va al reino de los muertos como vencedor de la muerte y no como su víctima. Porque en la obra de redención que la tradición llama "el desgarramiento del infierno", libera a todos los que estaban en el seno de

---

[28] Platón, *Fedón* 64c.

[29] Salmo 88:5, en la antigua traducción griega que aún se utiliza en las iglesias ortodoxas. Esta frase aparece también en las traducciones inglesas más antiguas, como la versión King James, y en la equivalente en español, Reina Valera.

Abraham en el inframundo esperando su llegada, y abre el reino de los cielos a todos los creyentes.

El credo no va tan lejos. Solo se refiere brevemente a los tres días en que Dios es un hombre muerto. Pero nos compromete a confesar que es así: que este mismo que es el Hijo de Dios engendrado por el Padre antes de todas las edades, Dios verdadero de Dios verdadero, fue crucificado por nosotros bajo Poncio Pilato, y que él mismo fue enterrado como cualquier otro muerto.

# Y resucitó al tercer día según las Escrituras

La fe cristiana comienza aquí, con la confesión de que Jesús es el Señor y la fe en que Dios lo levantó de la muerte (Rm 10:9). Lo levantó, invirtiendo su descenso a las profundidades de la muerte, y este levantamiento es lo que significa el término cristiano "resurrección de los muertos". El Credo de los Apóstoles, ese otro gran credo de la iglesia, lo llama literalmente "la resurrección de la carne". Se trata de un acontecimiento muy diferente de la extendida creencia en la inmortalidad del alma (representada por el *Fedón* de Platón, por ejemplo), según la cual, el alma en nosotros no muere. La resurrección no consiste en una parte de nosotros que no muere, sino en que Dios da vida a lo que está muerto. En lugar de una chispa de inmortalidad dentro de nosotros, el apóstol imagina lo que es mortal en nosotros siendo revestido de inmortalidad (1 Co 15:53). La diferencia queda ilustrada por la palabra de los ángeles en la tumba de Jesús. No dijeron: "Su cuerpo está aquí, pero su alma se fue al cielo", sino: "No está aquí, porque ha resucitado" (Mt 8:6). No está *aquí* porque su *cuerpo* ya no está en la tumba. Vuelve a ser un ser humano vivo, y los seres humanos vivos tienen cuerpos vivos que no pertenecen a la tumba. Porque la resurrección de los muertos no es solo la vida después de la muerte; es la muerte misma deshecha.

No solo la muerte de Jesús por nuestros pecados, sino también la sepultura y la resurrección al tercer día ocurrieron "según las Escrituras", dice el apóstol (1 Co 15:3, 4). Cuando el Nuevo Testamento dice "Escrituras", suele tener en cuenta el Antiguo Testamento. Las Escrituras del Antiguo Testamento, por ejemplo, nos dan la señal de Jonás, que estuvo en el vientre de la bestia durante tres días y tres noches (Jon 1:17); de esa manera, el Hijo del Hombre estará "tres días y tres noches en el corazón de la tierra", dice el Señor (Mt 12:40). Cristo duerme durante tres días en "el polvo de la tierra" (Dn 12:2) junto con Adán, el hombre "hecho del polvo" (1 Co 15:47, NBV; véase Gn 3:19) cuyo nombre nos recuerda la palabra hebrea para "tierra" (*adamah*).

El apóstol Pedro, en su sermón del día de Pentecostés, cita de las Escrituras un salmo de David y nos dice que, siendo profeta, David "miró hacia el futuro y habló de la resurrección de Cristo, que ni fue abandonado en el Hades, ni su carne sufrió corrupción" (Hch 2:31; ver Sal 16:10).[30] La palabra Hades es "inframundo" en griego, que representa al *Seol* del hebreo, el lugar donde los muertos duermen en lo que las Escrituras llaman "el polvo de la tierra" y nuestro Señor llama "el corazón de la tierra". El Credo de los Apóstoles también dice que descendió a los infiernos.[31] Pero no permaneció mucho tiempo con los muertos en el inframundo, dice Pedro, porque "su carne no sufrió corrupción". Es decir, que su cuerpo no tuvo tiempo de descomponerse antes de su resurrección al tercer día. Así de realista es la noticia de su resurrección.

---

[30] Traducción del autor.

[31] El Credo de los Apóstoles utiliza el término latino *infernum* (o en alguna versión del texto, *inferos*, que significa "los que están abajo"); la raíz de la palabra es la misma que "inferior". Es el lugar de los muertos en "las partes inferiores de la tierra" (Ef 4:9).

# Y ascendió al cielo

La ascensión no es lo mismo que la resurrección, sino que es su continuación. Como Cristo en su carne descendió primero en el vientre de la Virgen y de ahí al lugar de los muertos en el inframundo, así ahora primero se levanta de entre los muertos y de ahí asciende hasta el más alto cielo por el poder del Espíritu vivificante de Dios. Es el Hijo del Hombre que viene sobre las nubes del cielo al trono del Anciano de Días, cuyo reino no tiene fin (Dn 7:13, 14). Así como una nube lo alejó de nuestra vista, así se nos dice que volverá "de la misma manera" (Hch 1:11), es decir, en su carne viva, sobre una nube que significa "su gloria y la gloria del Padre y la de los santos ángeles" (Lc 9:26).

De nuevo, al igual que su descenso, no se trata de un movimiento de un lugar a otro, ya que el cielo al que asciende es el lugar que está más allá de todos los lugares: el cielo que está por encima de los cielos visibles que cantamos en el Salmo 148:4 ("¡Alábenlo, cielos de los cielos!") y del que habla Salomón en su gran oración de dedicación del templo: "Los cielos y los cielos de los cielos no te pueden contener" (1 R 8:27). Es la dimensión invisible en la que Dios —que está más allá de toda la creación y, sin embargo, nunca está lejos de nosotros ya que ninguna criatura puede estar separada de él por la distancia espacial— está más intensamente presente para sus criaturas. No se trata de un lugar en el espacio físico como los cielos visibles (sería absurdo intentar viajar allí en una nave espacial), sino de la dimensión del mundo creado en la que las criaturas se completan en la adoración y la contemplación de Dios, uniéndose a los ángeles que lo glorifican y lo disfrutan para siempre. Es el "lugar" del Rey de reyes, el poder soberano sobre todo poder, significado por la altura suprema del trono de Dios por encima de todas las cosas, donde está "sentado en las alturas" y mira desde lejos "lo que hay en el cielo y en la tierra" (Sal 113:5, 6). Este es el cielo invisible que puede revelarse en cualquier lugar donde Dios está presente en su gloria, poder y amor, es decir, en cualquier lugar de la creación.

Sin embargo, Dios está más intensamente presente, como dice la oración de Salomón, en los lugares particulares a los que se dirige su atención cuando invocamos su nombre. Sus ojos están abiertos día y noche al lugar del que dice: "Mi Nombre estará allí" (1 R 8:29). Así, el culto del cielo fue imitado en la tierra en el tabernáculo construido según las instrucciones reveladas en el monte Sinaí a Moisés, que a su vez proporcionó el modelo del templo que Salomón construyó en Jerusalén, el lugar santo en la ciudad santa bajo el gobierno del Hijo de David. Este es el lugar que Dios elige como morada de su Nombre (Dt 16:2), lugar donde sus ojos se vuelven y sus oídos están especialmente abiertos a las oraciones de su pueblo (1 R 8:30-40). El templo de Jerusalén es, pues, el precursor del templo eterno, que es el propio cuerpo resucitado de Cristo, el lugar duradero de la presencia más intensa de Dios, en el que habita el Nombre del que es Rey de reyes y Señor de señores, que está sentado en el trono eterno por encima de todas las cosas y vive siempre para interceder por nosotros ante el Padre (Hb 7:25).

# Y se sienta a la derecha del Padre

Hasta aquí, el credo ha ido resumiendo la historia del evangelio de Jesucristo; con su llegada a la mano derecha del Padre, la historia llega al presente. Hoy vivimos en la tierra bajo Cristo en el cielo: el hombre crucificado que una vez estuvo muerto y enterrado, pero que ahora vive para siempre a la derecha de Dios, lo que significa que el poder infinito es suyo, siempre y en todas partes, por encima de todas las cosas. Hemos llegado a lo que es, narrativamente, el punto central del credo, que pivota ahora desde la historia de cómo Cristo vino al mundo a la historia de lo que está haciendo para gobernarlo y redimirlo, y, por su Espíritu, para lograr un futuro de vida eterna.

"Se sienta" aquí significa "está entronizado". El credo nos invita a imaginar al hombre Jesús compartiendo el trono de Dios. La imagen proviene de un pasaje de la Escritura que se cita a menudo en el Nuevo Testamento: "Así dijo el SEÑOR a mi señor: 'Siéntate a mi diestra, hasta que ponga a tus enemigos por estrado de tus pies'" (Sal 110:1). Como hemos visto al hablar de la frase "un Dios", el término "SEÑOR", escrito todo con letras mayúsculas, representa el sagrado e indecible Nombre del Dios de Israel, mientras que "Señor" con una sola letra mayúscula es la palabra hebrea ordinaria para "Señor". Lo que tiene especial interés en este salmo es la relación de un término con el otro. Al igual que el Salmo 2 (discutido en relación con el "Hijo unigénito de Dios"), el Salmo 110 parece haber imaginado originalmente la entronización del hijo de David, el rey que es el hijo adoptivo de Dios. Pero Jesús nos muestra que, en última instancia, apunta más allá (Mc 12:35-37). Como se trata de un salmo de David, lo que escuchamos en este pasaje es al rey David honrando al Hijo de David como su Señor, entronizado a la derecha del Señor. Nuestro Señor Jesús nos pide que consideremos: ¿cómo puede David llamar a su propio hijo o descendiente "mi Señor"? El credo proporciona la respuesta que la fe cristiana da a esa pregunta: la fe cristiana. El Hijo de David por excelencia, el Ungido cuyo reino no tiene fin, es el Hijo unigénito de Dios, nuestro Señor

Jesús, que desciende de David y viene en Nombre del Señor, a quien se le ha dado este Nombre que está por encima de todo nombre (Flp 2:9).

Esta imagen de un hombre en el trono de Dios —que resume la forma en que el credo niceno presenta la lógica del culto cristiano, así como la historia de la salvación— aparece en diversas formas en el centro de la fe apostólica del Nuevo Testamento. Tenemos aquí cuatro formas de la imagen.

En primer lugar, el antiguo himno cristiano que Pablo cita en Filipenses 2:6-11 representa a toda la creación adorando a Jesucristo y confesando que es el Señor. Este himno nos da una imagen de lo mismo que dice en palabras la primitiva confesión cristiana *Kyrios Iesous*, "Jesús es el Señor". Se sienta en el trono de Dios porque el Nombre del Señor le pertenece por derecho. Todo el credo niceno se construye en torno a esta fe: que el culto dado a este hombre es el mismo que se debe al Señor, el Dios de Israel. El himno lo aclara recogiendo una pequeña y llamativa frase de los Diez Mandamientos, que prohíbe la adoración de "semejanza alguna de lo que está arriba en el cielo, ni abajo en la tierra, *ni en las aguas debajo de la tierra*" (Ex 20:4). El himno alude a esta prohibición del falso culto dándole la vuelta para indicar el verdadero culto, en el que toda rodilla se doblará "en el cielo, y en la tierra, *y debajo de la tierra*" (Flp 2:10). El himno presenta el culto cristiano de hoy como la primicia de toda la creación que cumple con el requisito de adoración de los Diez Mandamientos, que es la adoración solo al Señor.

En segundo lugar, en la adoración representada en el último libro de la Biblia, el cordero está de pie en el centro del trono en el cielo (Ap 5:6), y la voz de miles de ángeles declara: "El cordero que fue inmolado es digno de recibir el poder, las riquezas, la sabiduría, la fortaleza, el honor, la gloria y la alabanza" (Ap 5:12). Y luego, una vez más, tenemos una visión de la adoración escatológica de toda la creación, ya que "toda criatura en el cielo y en la tierra y *debajo de la tierra* y en el mar" se une para adorar al Señor Jesús, el cordero que fue inmolado, con la misma adoración que se da al que se sienta en el trono desde el principio: "Al que está sentado en el trono, y al cordero, sea la alabanza, la honra, la gloria y el dominio por los siglos de los siglos" (Ap 5:13). La imagen aquí amplía la de Daniel 7:13, donde el Hijo del Hombre viene en las nubes para presentarse ante el Anciano de Días sentado en el trono del cielo. Y ahora es como si toda la creación aclamara con alegría lo que el SEÑOR en el trono le dice al que ha venido a presentarse ante él: "Siéntate a mi diestra, hasta que ponga a tus enemigos por estrado de tus pies" (Salmo 110:1). A este Señor de todos se le llama el cordero, porque no solo es el rey entronizado, sino el sacrificio ofrecido, como declaran las huestes del cielo: "Porque tú fuiste inmolado, y con tu sangre compraste para Dios a gente de toda tribu, lengua, pueblo y nación" (Ap 5:9). El resultado de su sacrificio es que los que ha rescatado con su sangre son ahora sacerdotes y reyes con él, "y reinarán en la tierra" (Ap 5:10).

En tercer lugar, la carta a los Hebreos también se basa en la imagen de la presencia encarnada de Jesús en el cielo más alto, donde "después de llevar a cabo la purificación de los pecados, el Hijo se sentó a la diestra de la Majestad en las alturas" (Hb 1:3; véase 8:1). Es el "gran sumo sacerdote que trascendió los cielos" (4:14) porque ha sido "exaltado más allá de los cielos" (7:26). De nuevo la imagen es la de un cielo por encima de los cielos visibles, un lugar más allá de todos los lugares, una dimensión invisible. Porque Cristo, nuestro sumo sacerdote, no entró al templo en la tierra, que es una mera copia del verdadero templo arriba, "sino en el cielo mismo, para presentarse ahora en la presencia de Dios por nosotros" (9:24). La expiación que hace por el pecado no se completa en la cruz, sino en el santuario celestial, donde trae su propia sangre humana para limpiarnos del pecado (9:12). Es de suma importancia, por tanto, que Jesús en el cielo no sea un alma incorpórea, sino un ser humano vivo, de carne y hueso en la presencia de Dios. A diferencia de la sangre de toros y machos cabríos utilizada para hacer expiación en el templo terrenal, su sangre humana en el santuario celestial limpia nuestras conciencias (9:14). Una de las razones por las que debemos imaginarnos el trono de Dios en lo alto de los cielos es para reconocer que desde esta altura no hay nada abajo que escape a su vista, incluidos los pobres a los que levanta del polvo (Sal 113:5-7), así como los lugares oscuros y secretos del corazón humano (1 R 8:39), que solo pueden ser limpiados por la sangre del cordero que fue inmolado: el hombre que es sacerdote y sacrificio en una sola persona.

En cuarto lugar, el día de Pentecostés, es Jesús exaltado a la derecha de Dios que derrama el Espíritu Santo prometido (Hch 2:33). Pedro nos lo cuenta en su sermón explicando lo que ha sucedido para que tantas personas den voz al evangelio en tantas lenguas del mundo. Cita el Salmo 110 respecto a que el Señor le dijo que se sentara a su derecha (Hch 2:34), de donde saca la conclusión: "Sepa, pues, con certeza toda la casa de Israel, que a este Jesús a quien ustedes crucificaron, Dios lo ha hecho Señor y Cristo" (2:36). Una vez más, la entronización en el cielo de Cristo, el Hijo de David, es una imagen de lo que significa confesar con palabras que Jesús es el Señor. Desde su trono celestial guía a la iglesia derramando el Espíritu Santo, enviando a su pueblo en su misión desde Jerusalén hasta los confines de la tierra (Hch 1:8).

Su trono celestial no significa que esté ausente de nosotros en la tierra, sino que representa la presencia de la mano derecha de Dios gobernando con poder soberano sobre todas las cosas. Es una soberanía que se puede revelar cuando se quita el velo del cielo, como cuando Jesús en el cielo le habla a Pablo en la tierra, cuando se llamaba Saulo y perseguía a la iglesia: "Saulo, Saulo, ¿por qué me persigues?" (Hch 9:4). Al perseguir al cuerpo de Cristo en la tierra, Saulo estaba atacando al Señor en el cielo, porque, aunque el cuerpo resucitado de Jesús está ahora libre de toda posibilidad de daño, el cuerpo de su pueblo, que él reclama como suyo, no lo está todavía. Esta es una de las razones por las que los Evangelios, que se escribieron mucho después de que los cristianos comenzaran a adorar al Jesús exaltado en su gloria celestial, tuvieron que enfatizar el mandamiento de seguir tomando una cruz. No es que los escritores de los Evangelios partieran de lo que los eruditos llaman una "cristología baja", sin saber nada de la divinidad de Cristo, como si los primeros cristianos no hubieran oído nunca que el SEÑOR dijo a su Señor: "Siéntate a mi derecha". Los Evangelios se escribieron para una comunidad que doblaba regularmente la rodilla ante el Señor Jesús y esperaba su venida en gloria, y, por tanto, había que recordarles que antes de sentarse en la gloria con él (Mc 10:37), sufrirían con él. Así también, cuando Jesús desde el cielo se revela a Saulo en la tierra, su propósito incluía mostrarle "cuánto debe sufrir por causa de mi nombre" (Hch 9:16).

# Y volverá otra vez en gloria

La gloria es la luz de la revelación divina hecha visible y la bendición de la presencia divina disfrutada. Su opuesto es lo oculto y la humillación. La segunda venida de nuestro Señor no se llama descenso, porque es gloriosa. La segunda venida de Jesús es la del Jesús exaltado y siempre vivo, pero ahora dado a conocer a todos en la tierra. Para ver por qué el credo habla aquí de gloria, nos ayudará recordar cómo Jesús habla del testimonio bíblico del Hijo del Hombre en Daniel 7, que junto con el Salmo 110 es el pasaje de la Escritura más citado en el Nuevo Testamento.

En el libro de Daniel, Israel está en el exilio, y un rey extranjero tras otro los tiene en esclavitud, como una vez lo hizo el faraón en Egipto. En el capítulo 7, el israelita Daniel sueña con grandes bestias que buscan el poder y la destrucción, que representan los reinos de este mundo que Dios llevará a su fin. Además, Daniel ve también el juicio que se almacena en el cielo, donde uno llamado el Anciano de Días —un nombre para Dios en su eternidad— se sienta en un trono que es eterno (Dn 7:9). Y luego, en el pasaje crucial, viene al Anciano de Días sobre las nubes del cielo uno como un Hijo del Hombre (Dn 7:13), no una bestia cruel, sino un representante del pueblo de Dios —que a su vez representa a toda la humanidad—, uno que tanto los judíos como los cristianos pueden llamar el Hijo de David, el rey ungido. A él se le ha dado el señorío, la gloria y un reino que no tiene fin, para que todos los pueblos, todas las naciones y todas las lenguas lo sirvan (Dn 7:14), es decir, lo adoren.

El Nuevo Testamento lee este pasaje diciendo lo mismo que el Salmo 110, donde el SEÑOR le dice a nuestro Señor: "Siéntate a mi derecha hasta que haga de tus enemigos el estrado de tus pies". Los enemigos a los que somete incluyen todos los reinos salvajes de este mundo, ninguno de los cuales dura para siempre. Pero, además, entre los enemigos a los que vence está todo lo que daña y corrompe la buena creación de Dios, incluyendo el pecado y el sufrimiento y, finalmente, la muerte, que es "el último enemigo que hay que destruir" (1 Co 15:26). Esto es la gloria.

# Para juzgar a los vivos y a los muertos

El trono de Dios Padre, el Anciano de Días, está en el centro de un tribunal de juicio (Dn 7:9, 10). Jesús, como el Hijo del Hombre, ha recibido del Padre la autoridad para ejecutar el juicio (Jn 5:27). Murió y vivió para ser Señor tanto de los muertos como de los vivos (Rm 14:9), convirtiéndose así en el hombre "que Dios ha designado como juez de los vivos y de los muertos" (Hch 10:42). Porque "es necesario que todos nosotros comparezcamos ante el tribunal de Cristo" (2 Co 5:10, RV60).

El concepto de un juicio final es tan familiar en la cultura cristiana occidental que podemos pasar por alto lo singular que es. La mitología pagana habla de jueces en el inframundo que fueron reyes humanos como *Minos* y *Rhadamanthus*. Pero no sabe nada de un juicio del cielo que afecte tanto a los vivos como a los muertos. Mucho menos imagina que el mundo entero se enfrente al juicio de un hombre entronizado a la derecha del poder divino, un hombre que una vez fue sometido a la vergonzosa injusticia y crueldad de una cruz. Este es el hombre que prometió que los que tienen hambre y sed de justicia serán saciados, los que lloran serán consolados, los misericordiosos recibirán misericordia, y los mansos en este mundo cruel son bendecidos, porque heredarán toda la tierra (Mt 5:4-7). Ahora está en condiciones de cumplir esa promesa.

Para los que no somos tan mansos, misericordiosos y justos, hay, por supuesto, razones para temer a este Juez, ante el cual cada uno debe dar cuentas de sí mismo (Rm 14:12). Y los cristianos en particular, que como Pedro están especialmente tentados a evitar tomar la cruz y seguir a Cristo (Mc 8:31-33), tienen razones para temer que el Hijo del Hombre se avergüence de nosotros "cuando venga en la gloria de su Padre con los santos ángeles" (Mc 8:38). También para nosotros la predicación del evangelio debe comenzar con la palabra "arrepiéntanse", porque el reino de los cielos está cerca (Mt 3:2). Sin embargo, esta es una buena palabra, pues a Pedro le llegó también la promesa de este mismo Juez de que los pecados absueltos en su nombre en la tierra son absueltos también en el cielo (Mt 16:19). Así que, al final, debemos esperar la venida del Señor sabiendo que en él encontraremos la salvación (Hb 9:28). Porque es a través de su juicio que el reino de nuestro Padre viene a ser en la tierra como en el cielo, tal como hemos estado pidiendo todo el tiempo (Mt 6:10).

# De cuyo reino no habrá fin

El Hijo del Hombre que viene en las nubes del cielo al Anciano de Días recibe un reino eterno, para que todos los pueblos, naciones y lenguas lo sirvan (Dn 7:14). Aquí se pone fin a la ambición de los reyes y emperadores que quieren devorar la tierra como bestias voraces (Dn 7:l-8). En su lugar, Jesús, el Hijo del Hombre, recibe "un dominio eterno que nunca pasará" (Dn 7:14).

Jesús alude a este pasaje cuando es interrogado por el sumo sacerdote en su juicio: "Desde ahora verán al Hijo del Hombre sentado a la diestra del Poder, y viniendo sobre las nubes del cielo" (Mt 26:64). Esto es suficiente para que lo crucifiquen, ya que, como los sirvientes del sumo sacerdote le recordarán más tarde a Pilato: "Todo el que se hace rey se opone al César" (Jn 19:12). En efecto, al identificarse como el Hijo del Hombre que viene sobre las nubes del cielo, Jesús afirma que no es un rey cualquiera, sino el verdadero Hijo de David, de quien el Señor dijo: "Estableceré el trono de su reino para siempre" (2 S 7:13). El trono de David, y no el del César, es el que perdurará por todas las generaciones (Sal 89:4), pues solo del Hijo de David dice Dios: "Lo he escogido por hijo mío, y yo le seré por padre" (1 Cr 28:6).

Esta buena noticia del "Hijo del Altísimo", que se sienta "en el trono de su padre David" y que "reinará sobre la casa de Jacob para siempre", es una de las cosas que el ángel le dice a María en su anunciación, añadiendo "y su reino no tendrá fin", de la que está tomada esta frase del credo (Lc 1:32, 33).

La venida de Jesús en gloria significa que es rey para siempre, no solo en el cielo. Está sentado en el trono establecido para siempre sobre todas las cosas, de modo que toda rodilla se doblará ante él, no solo en el cielo, sino también en la tierra y hasta debajo de la tierra, es decir, hasta en la tierra de los muertos (Flp 2:10). Gente de todas las generaciones, de todas las naciones, tribus y lenguas se presentarán ante el trono del cordero, resucitado de entre los muertos, adorándolo (Ap 7:9, 10). Porque en el transcurso de los siglos se les habrá enseñado a obedecer todo lo que él ha mandado (Mt 28:20). El resultado será un banquete para todos los pueblos en el que se sorberá la muerte para siempre y se enjugarán todas las lágrimas de sus ojos (Is 26:6-8).

El reino de los cielos llega a la tierra cuando Dios mismo habita entre los pueblos en su tabernáculo (Ap 21:3), su tienda humana de carne ahora revestida de una morada duradera del cielo (2 Co 5:1-4), cuando la mortalidad humana en Cristo se reviste de inmortalidad (1 Co 15:53). El cumplimiento del pacto de Dios con Israel se convierte así en una bendición para todas las familias de la tierra (Gn 12:3), como se nos enseña en el evangelio predicado de antemano a Abraham (Gl 3:8). "Los tomaré a ustedes por pueblo mío, y Yo seré su Dios", le dice el Señor a Israel (Ex 6:7), una promesa que resuena a lo largo de la Biblia en una renovación del pacto tras otra (Jr 31:33; Ez 36:26-28; 37:26, 27) hasta los últimos capítulos, cuando Dios pone su tienda entre todos los hijos de Adán para que todos ellos sean "su pueblo, y Dios mismo esté entre ellos" como su Dios (Ap 21:3).

Jesucristo, el Hijo unigénito de Dios, el Hijo de David que está entronizado como Hijo del Hombre en las alturas, es nuestro Señor que está sentado a la derecha del SEÑOR hasta que todos los enemigos sean puestos bajo sus pies, incluida la misma muerte (1 Co 15:25, 26). Esta es la vida del siglo venidero, al que el credo volverá al final.

# ARTÍCULO 3

# EL ESPÍRITU SANTO

# Y en el Espíritu Santo

Las primeras traducciones al inglés lo llaman "Holy Ghost", porque "ghost" (actualmente traducido como "fantasma") es una antigua palabra para "espíritu". Hace casi quinientos años, cuando el *Libro de Oración Común* (el libro de oraciones de la Iglesia de Inglaterra) convirtió el término "Espíritu Santo" en un término estándar en inglés, el libro de oraciones también podía hablar "de consejo fantasmal" [con el término "Ghost"], que significa "consejo espiritual". Shakespeare y sus amigos lo habrían entendido. Pero para nosotros hace falta un poco de ajuste. El ajuste más importante es conectar el "espíritu" con la vida y el poder, no con la muerte o el inframundo o una existencia desamparada y meramente espiritual. Tanto en el Antiguo Testamento como en el Nuevo, el "espíritu" contrasta con la "carne" como el poder que da vida; contrasta con la mortalidad, la necesidad y la vulnerabilidad.

Y no es un espíritu cualquiera, sino el Espíritu del Señor, como dice el Antiguo Testamento. Así pues, es el Espíritu Santo, singularmente apartado de todos los espíritus de la creación, y también fuente y dador de santidad y santificación (Rm 15:16). El nombre en latín, *Sanctus Spiritus*, nos muestra el origen de la palabra "santificación", que viene de *sanctus*, que significa "santo". Así, santificar es hacer santo, apartar o consagrar. Al mismo tiempo, la palabra "espíritu" (*ruach* en hebreo, *pneuma* en griego, *spiritus* en latín) —que en las tres lenguas puede significar también "aliento"— sugiere una relación singularmente íntima con la vida en todas las criaturas.

Seguimos encontrando al Espíritu Santo dentro de las criaturas, como el aliento de vida que hay en ellas. En el credo original del Concilio de Nicea del 325 d. C., el credo terminaba aquí con las palabras: "Y en el Espíritu Santo". Esto condujo a un problema, porque surgió la pregunta: ¿debemos decir que el Espíritu Santo es tan plenamente Dios como lo es Cristo, y que como Cristo es *homoousios* con el Padre? La opinión que prevaleció en el Concilio de Constantinopla en el año 381 d. C. fue un claro sí. Pero el credo niceno del 381 d. C., el que ahora estamos estudiando, no lo dijo (no con tantas palabras). Esto evidentemente frustró a algunos de los miembros más importantes del Concilio, incluyendo a Gregorio Nacianceno, quien estaba firmemente a favor de decir que el Espíritu Santo era plenamente Dios y *homoousios* con el Padre y el Hijo. Parece que este credo se presentó originalmente en el Concilio como una especie de documento de compromiso, con la esperanza de que aquellos que dudaban en decir esto sobre el Espíritu Santo pudieran seguir unidos al resto de la iglesia que confesaba la fe nicena. Al final, sin embargo, abandonaron el Concilio sin aceptar su nueva versión del credo.[32] Esto no es sorprendente, ya que, como vamos a ver, las frases que este credo añade después de "en el Espíritu Santo" equivalen a una clara confesión de que el Espíritu Santo no puede ser otra cosa que Dios, el Creador, y no una criatura, teniendo la misma esencia divina que el Padre y el Hijo.

---

[32] Véase Kelly, *Creeds*, capítulo 10.

# El Señor

El credo aquí se basa en que Pablo dice que "el Señor es el Espíritu" (2 Co 3:17). Poner la palabra "Señor" aquí significa usar la misma palabra que se usa al hablar de Cristo para hablar del Espíritu, incluso después de confesar a Cristo como el "único Señor". La lógica de esto es como llamar a Cristo "Dios de Dios", incluso después de confesar la fe en "un Dios, el Padre". Estamos diciendo que creemos en un solo Dios, el Padre, y que Cristo también es Dios. Y estamos diciendo que creemos en un solo Señor, Jesucristo, y que el Espíritu también es el Señor. En este punto tenemos lo esencial de la doctrina llamada "Trinidad". (Para la desconcertante aritmética de esto, que es genuinamente desconcertante, pero no es el misterio realmente importante de la Trinidad, véase el Epílogo).

Decir que el Espíritu Santo es el Señor hace imposible decir que es simplemente un ángel, como querían decir algunos teólogos de la época. También hace imposible decir que es simplemente la energía de Dios que actúa en nosotros, o un aspecto o atributo o cualidad de Dios. El Espíritu del Señor no es solo un nombre para la presencia del Señor en nosotros, pues es el Señor mismo, un ser distinto del Padre. Necesitamos una palabra para esto, y los teólogos que prevalecieron en Constantinopla utilizaron el término griego *hypostasis*. Tal como la utilizó la tradición nicena a partir de entonces, significa un ser individual completo. Usted y yo somos hipóstasis, pero nuestras manos y pies no lo son. Así que el Espíritu Santo es Señor y Dios, no una parte de Dios o un aspecto de Dios o la obra o presencia de Dios. Así, la tradición nicena llegó a hablar de Dios como tres hipóstasis —Padre, Hijo y Espíritu Santo—, que en latín se convirtieron en tres *subsistentiae* y, en español, tres "subsistencias". Se trata simplemente de un término abstracto para tres seres individuales completos de cualquier tipo, no partes o aspectos, energías o actividades de algún otro ser.

También se utilizó otro término: *prosopon* en griego, que es *persona* en latín, de donde obtenemos la palabra "persona". Esta es la palabra más utilizada por la tradición occidental para designar lo que hay de tres en Dios. La mayoría de los cristianos de occidente han oído describir a Dios como "tres personas". En gran parte como resultado de la presencia de la teología nicena, "personas" llegó a ser un término de peso e importante en el pensamiento occidental, tanto que debemos ser conscientes del sentido tan limitado en el que se utiliza en la teología nicena. En la época en que se redactó el credo niceno, *persona y prosopon* no eran términos filosóficos importantes para describir a los seres humanos. No se utilizaban para referirse a la "personalidad" de nadie, una palabra moderna para la que no hay ningún equivalente real en griego o latín (el equivalente más cercano serían las palabras que designan el *carácter* ético de alguien, ya sea vicioso o virtuoso). Si se quisiera pensar en lo que nos hace humanos, se hablaría de cuerpo y alma, de mente y razón, no de "personalidad" (otra palabra muy moderna). La propia noción de persona, tan importante en el pensamiento moderno, es una especie de regalo que la doctrina nicena de la Trinidad ha dado a la cultura occidental, y que se ha convertido en un regalo tan rico que debe utilizarse con precaución al hablar del Padre, el Hijo y el Espíritu Santo. Según la teología nicena, no hay tres personalidades en Dios —como si Dios fuera un trío de amigos como María, Juan y Pedro—, pues no hay más que un solo Dios, que tiene una sola voluntad, poder y actividad, así como una sola esencia u *ousía*.

La teología nicena, posterior al Concilio de Constantinopla del año 381 d. C., utiliza términos como "persona" para concretar un poco más el término tan abstracto de hipóstasis. Los perros y los gatos son hipóstasis, ya que son seres individuales completos (no solo orejas o colas). Pero no son personas, porque no son seres racionales con lenguaje, lógica y razón (*logos*). No se ajustan a la definición de "persona" que ha prevalecido en la teología occidental durante más de mil años: "Una sustancia individual de naturaleza racional" (donde "sustancia individual" es otra forma de decir hipóstasis).[33]

Si todo esto sigue sonando abstracto, es porque lo es. Hablar concretamente de la Santísima Trinidad es hablar de Padre, Hijo y Espíritu Santo, como se explica en el Epílogo. El lenguaje abstracto tiene su utilidad para aclarar algunas cuestiones lógicas, como el hecho de que el Espíritu Santo no es parte de Dios (porque Dios no tiene partes, y el

---

[33] Esta definición de "persona" fue formulada a principios del siglo VI por Boecio, el lógico más importante de la época patrística, en sus *Tratados teológicos* 5.3, con la doctrina de la Trinidad muy presente. Los teólogos occidentales posteriores, como Tomás de Aquino, se refieren a ella con frecuencia.

Espíritu Santo es Dios, no parte de Dios). Pero la verdadera raíz y vida de la doctrina nicena de la Trinidad no es hablar de personas o hipóstasis, sino adorar al Dios en cuyo nombre somos bautizados: el Padre, el Hijo y el Espíritu Santo.

# Y dador de vida

"Dador de vida" es una palabra en griego: *zoopoion*, literalmente "hacedor de vida", el que hace vivir.[34] También esto es una forma de decir que el Espíritu Santo es Dios, haciendo lo que solo Dios puede hacer. Porque el Espíritu de Dios no recibe la vida como lo hacen los seres vivos, sino que da la vida, que es lo que hace solo el Creador. De ahí que la vida humana de Jesús comience en el vientre de María por el poder del Espíritu Santo, como hemos visto, y así también su vida humana es restaurada en la resurrección por el Espíritu Santo, pues fue "muerto en la carne, pero vivificado en el espíritu" (1 P 3:18). En Romanos 8 —un capítulo que trata de contrastar la vida en el Espíritu con la muerte en la carne—, Pablo muestra cómo la vida resucitada de Cristo se convierte en la nuestra, utilizando el verbo *zoopoein* ("dar vida" o "hacer vivir"): "Si el Espíritu de Aquel que resucitó a Jesús de entre los muertos habita en ustedes, el mismo que resucitó a Cristo Jesús de entre los muertos también *dará vida* a sus cuerpos mortales por medio de su Espíritu que habita en ustedes" (Rm 8:11). El Padre da la vida eterna por medio del Espíritu, a partir de la humanidad de Jesús, que entrega su vida, pero también tiene autoridad para retomarla (Jn 10:18). Por tanto, la resurrección es obra de toda la Trinidad, Padre, Hijo y Espíritu Santo, que da vida a la carne humana de Jesús.

El Espíritu debe dar la vida, porque la carne no logra nada, dice Jesús (Jn 6:63). Se refiere a *nuestra* carne, porque *su* carne, dice, es pan vivo del cielo, dado para la vida del mundo (Jn 6:51). Es una carne que da vida, enseña el padre de la iglesia Cirilo de Alejandría, porque es la carne de Dios encarnada, a través de la cual el Espíritu de Dios nos da la vida eterna.[35] Solo la carne humana de Cristo puede recibir la

---

[34] El término *zoo* aquí utilizado proviene de la misma palabra que "jardines zoológicos", es decir, un jardín para el estudio de los seres vivos ("zoo" para abreviar).

[35] Esta es la enseñanza del undécimo anatema adjunto a la tercera carta de Cirilo a Nestorio. Para la traducción y el comentario del propio Cirilo, véase McGuckin, *Saint Cyril of Alexandria*, 275.

vida divina y darla, porque solo ella es la carne de Dios; es el verdadero templo del cielo (Hb 8:2), el lugar de la creación donde la energía vivificante del Espíritu actúa con mayor fuerza. También esto es obra del único Dios, Padre, Hijo y Espíritu Santo, cuya obra es siempre una sola, nunca dividida ni separada.

# Quien procede del Padre

Nuestro Señor enseña que el Espíritu Santo "es el Espíritu de la verdad, que procede del Padre" (Jn 15:26). "Procesión" se convierte así en un término técnico en la teología trinitaria, utilizado para el origen del Espíritu a partir del Padre, que es un origen diferente de la "engendración" del Hijo. Desgraciadamente (y aquí tendremos que ponernos técnicos por un momento), debido a la escasez de vocabulario bíblico, "procesión" se utiliza también en un sentido más genérico para referirse a ambos orígenes. Así, el engendramiento del Hijo es una procesión divina y la procesión del Espíritu es otra. Cada procesión es única —no son dos de la misma clase—, pues el Padre engendra un solo Hijo y tiene un solo Espíritu. No tenemos un término bíblico para el tipo de origen único por el que el Espíritu procede del Padre, así que la única palabra distintiva que tenemos para esto es un término: *espiración*. Por eso, a los teólogos les resulta útil decir: el Padre engendra al Hijo, pero *espira* al Espíritu.

Más útil es la distinción entre procesiones y misiones. "Misión" viene del latín *missio*, que significa envío (los misioneros son personas *enviadas* en una labor). El Espíritu *procede* eternamente del Padre, pero es *enviado* por el Hijo a la derecha de Dios (Hch 2:33). Así que la "misión", en este sentido técnico, es el envío del Espíritu Santo al mundo y a nuestros corazones. También el Hijo es enviado (Jn 3:17), y, por tanto, tiene una misión del Padre. Así pues, en la teología trinitaria, la "misión" o el envío se refieren a cosas que ocurren en un momento y lugar concretos del mundo, y que implican a las criaturas afectadas por la obra de Dios, mientras que la "procesión" no se refiere a las creaciones en absoluto, sino a la vida de Dios en la eternidad, como por ejemplo en el engendramiento eterno del Hijo.

A través de la obra de Dios en las misiones, podemos ver algo sobre el orden en las procesiones. En palabras de los padres nicenos, toda obra de Dios se origina en el Padre, se entrega al Hijo y es completada por el Espíritu Santo. Lo mismo ocurre con el propio ser (*ousia*) de Dios: se origina en el Padre, se entrega al Hijo y es completado por el Espíritu Santo. Por eso también hablamos del Padre como primera persona de la Trinidad, del Hijo como segunda persona y del Espíritu Santo como tercera persona: todos igualmente divinos, pero ordenados según las procesiones por las que se originan en el Padre. Esta clasificación —primera persona, segunda persona, tercera persona— es inevitable también por las raíces del credo en la confesión bautismal. Somos bautizados en el nombre del Padre, del Hijo y del Espíritu Santo, no "en el nombre del Espíritu Santo, del Hijo y del Padre".

# [Y del Hijo]

Esta frase es la trágica diferencia entre las versiones latina y griega del credo que se mencionó en la Introducción. Es una palabra en latín, *filioque*, que se añadió al credo en Occidente sin consultar con Oriente. La adición se originó en su uso local en España en el siglo VI y se extendió gradualmente al resto del mundo occidental.[36] Las iglesias ortodoxas orientales nunca lo han aceptado como parte del credo, y tienen razón. El credo no debería ampliarse si no es mediante un concilio ecuménico en el que participen todas las ramas de la iglesia. Es más, poner algo en el credo implica que es esencial para la fe, y no hay ninguna buena razón para pensar que hay que aceptar esta frase añadida para ser un sano cristiano niceno.

Aquí entramos en un terreno controvertido, y lo que voy a decir debe ser escuchado como lo que es: la opinión de un cristiano occidental que piensa que lo que *filioque* pretende decir es algo que es verdadero, pero no esencial para la fe nicena, y, por lo tanto, no pertenece al credo. Es —para usar otro término técnico— un *teologoumenon*: una proposición teológica que muchos de nosotros pensamos que es verdadera, pero que no es una enseñanza que se tenga que creer para ser un cristiano fiel. Podemos afirmar su verdad y al mismo tiempo insistir en que es, en un sentido muy importante, opcional. Por lo tanto, no debería permanecer en el credo, y como muchos teólogos occidentales que piensan así, no digo las palabras y "del Hijo" cuando recito el credo.

Por otra parte, no creo que esta frase enseñe una herejía o una falsa doctrina. Por un lado, la frase es tan breve que su significado necesita ser explicado, y una posible interpretación es que el Espíritu procede del Padre a través del Hijo, que es una formulación sobre la que los ortodoxos orientales no tienen ninguna objeción. Sin embargo, el *teologoumenon* que la frase pretende expresar dice más que esto y debería explicar un poco en qué consiste. Es una doctrina llamada

---

[36] La historia básica la cuenta Kelly, *Creeds*, capítulo 11.

"doble procesión", que dice que el Padre y el Hijo son juntos la fuente de la que procede el Espíritu. La doctrina fue desarrollada y defendida por el gran padre de la iglesia occidental Agustín, y su presentación es el relato estándar de la misma. Su razón fundamental para pensar que es verdadera es que el Espíritu es el Espíritu del Hijo, así como del Padre. Teniendo en cuenta las preocupaciones de los ortodoxos orientales, podemos señalar dos puntos más en la enseñanza de Agustín.

En primer lugar, Agustín enseña que el Hijo no es una fuente o principio separado del Espíritu, como si operara independientemente del Padre. Más bien, el Padre y el Hijo son juntos una fuente del Espíritu. Además, el hecho de que el Hijo *pueda* ser esta única fuente junto con el Padre es en sí mismo un poder que recibe totalmente del Padre, pues el Hijo recibe todas las cosas del Padre, todo lo que tiene y es. A la inversa, el Padre le da al Hijo todo lo que es suyo, excepto ser Padre. Así, una de las cosas que el Hijo recibe del Padre es el poder de ser aquello de lo que procede el Espíritu.[37]

En segundo lugar —como se desprende del primer punto— Agustín es muy cuidadoso en mantener la verdad de que el Padre es la fuente de todo lo divino. La teología occidental posterior refuerza esto, ya que, por ejemplo, el Concilio de Toledo en 675 enseña que el Padre es *el fons et origo totius divinitatis* (la fuente y el origen de todo lo divino). Hubo un tiempo en el que algunos teólogos tenían la idea de que la versión de Agustín de la Trinidad "comienza con" la única esencia divina (*ousia*) en lugar de con Dios Padre, pero esto es una tontería que la escolástica agustiniana de hoy ha desacreditado completamente. Agustín parte del mismo lugar que el credo y todos los padres nicenos, situando el origen de todo lo divino en Dios Padre. La esencia divina llega al Hijo y al Espíritu desde el Padre. La esencia divina no engendra nada y no es fuente de nada. Hablar así sería una pieza de mala gramática, como decir que la naturaleza humana engendra un hijo o da a luz. Eso solo lo hacen los padres y las madres, aunque lo hacen *en virtud de* su naturaleza humana. Y así podemos decir que el Padre engendra al Hijo en virtud de su naturaleza divina, dándole toda su esencia divina, y que el Espíritu, que también es *homoousios* con el Padre, procede del Padre dado que recibe la misma esencia divina.

---

[37] Para las discusiones claves sobre este punto, véase Agustín, *Sobre la Trinidad* 4:20.29 y 15:26.47.

# Quien con el Padre y el Hijo juntos es adorado y coglorificado

Con mis disculpas, presento una traducción torpe e inusual de esta frase con el fin de resaltar algo inusual y difícil de traducir: la repetición de la palabra griega *syn*, que significa "con" o "juntos". Es una palabra que aparece, con ligeras variaciones, en muchas palabras derivadas del griego, como *sín*tesis (*juntar* una cosa *con* otra), *sin*fonía (hacer música *junto con* otros) y *sim*patía (sentir las emociones de otra persona *junto con* ella). En esta frase del credo aparece tres veces: primero como preposición ("*con* el Padre"), luego como adverbio ("*juntos*"), y finalmente como prefijo (*co*-glorificado). La repetición es digna de destacarse porque es una forma de enfatizar la inseparabilidad del Padre, el Hijo y el Espíritu Santo como un solo Dios, lo cual es evidente en el hecho de que son adorados correctamente el uno con el otro, coglorificados juntos con igual e inseparable honor.

Con este énfasis en la adoración, el credo llega a un punto que siempre fue la base fundamental de la doctrina de la Trinidad: como somos bautizados en el nombre del Padre, del Hijo y del Espíritu Santo, adoramos al Padre, al Hijo y al Espíritu Santo como nuestro Dios, el único creador del cielo y de la tierra; lo que significa que no podemos considerar al Padre, al Hijo y al Espíritu Santo como desiguales en ningún sentido, como si alguno de ellos mereciera un culto inferior y menor que los demás. Y, sin embargo, la fe cristiana tampoco permite que se dé este culto a más de un Dios. La lógica del culto cristiano es, pues, la lógica de la fe nicena. Ha tardado un poco, pero teniendo en cuenta las antiguas prácticas de culto cristianas, el triunfo de la teología nicena parece inevitable en retrospectiva. Es la teología que se pone al día con lo que los cristianos siempre han creído cuando rinden culto.

# Quien ha hablado a través de los profetas

Cuando los profetas de Israel dicen: "Así dice el Señor", es el Espíritu Santo quien habla a través de ellos. El rey David habla como profeta cuando dice: "El Espíritu del Señor habló por mí, su palabra estuvo en mi lengua" (2 S 23:2). El apóstol Pedro dice lo mismo cuando cuenta a los demás apóstoles lo que "el Espíritu Santo habló antes por boca de David" (Hch 1:16, RV60). Asimismo, cuando el apóstol Pablo cita un pasaje del profeta Isaías, lo describe como "lo que habló el Espíritu Santo" (Hch 28:25), y la carta a los Hebreos introduce una cita de los Salmos diciendo: "Como dice el Espíritu Santo" (Hb 3:7).

Y esto es solo el principio. Es evidente que los apóstoles piensan que cuando citan a los profetas, el Espíritu Santo está hablando hoy. Por eso, después de la lectura de las Escrituras a una congregación, es apropiado concluir diciendo: "Palabra del Señor". Además, hay profetas en la iglesia del Nuevo Testamento (Hch 13:1, 21:9-10). De hecho, siempre que el libro de los Hechos señala que las personas están "llenas del Espíritu", estamos a punto de oírles pronunciar un discurso profético autorizado por Dios (Hch 2:4, 4:8, 4:31, 13:9; véase 11:28). Del mismo modo, al principio del Evangelio de Lucas, cuando Elizabet está llena del Espíritu, saluda a María como "la madre de mi Señor" (Lc 1:41-43). Cuando su marido se llena del Espíritu, su lengua se suelta y pronuncia una de las grandes oraciones inspiradas de la Biblia (Lc 1:67-79). Y cuando su hijo Juan el Bautista está lleno del Espíritu en el vientre de su madre (Lc 1:15), es como si estuviera practicando para su posterior tarea de profeta, saltando de alegría por la venida de Jesús en el vientre de María (Lc 1:41).

El Espíritu Santo, dador de vida, nos da la vida eterna principalmente dándonos palabras divinas. Porque es Cristo quien es nuestra vida (Col 3:4), y se nos da por la palabra de Dios, que, a su vez, nos es dada por el Espíritu que inspira a todos los que testifican a Cristo en las Escrituras, pues él es el Espíritu de la Verdad que los guía a toda la verdad (Jn 16:13). El Nuevo Testamento describe la Escritura

(2 Tm 3:16) como divinamente inspirada o "inspirada por Dios",[38] añadiendo que es útil para la enseñanza, para la reprensión y la corrección, y para la educación en la justicia (2 Tm 3:6). Sobre todo, dice Jesús, el Espíritu Santo "dará testimonio de mí" (Jn 15:26) y "me glorificará" (Jn 16:14), completando así la obra de la Trinidad, pues "todo lo que tiene el Padre es mío, por eso dije que él [el Espíritu Santo] toma de lo mío y se lo hará saber a ustedes" (Jn 16:15).

Cristo es nuestro por la fe, que viene por el oír, que viene por la palabra de Cristo (Rm 10:17), que viene por el Espíritu Santo, que inspira a los profetas y apóstoles y su testimonio en la Sagrada Escritura, así como toda la enseñanza, la predicación y el canto, que se nutren de este testimonio inspirado. Así, cuando el apóstol pide a la congregación: "Sean llenos del Espíritu, hablen entre ustedes con salmos, himnos y cánticos espirituales" (Ef 5:18, 19), es otra forma de decir lo que dice en un pasaje paralelo: "La palabra de Cristo habite en abundancia en ustedes, con toda sabiduría, enseñándose y amonestándose unos a otros con salmos, himnos y canciones espirituales" (Col 3:16). Estar lleno del Espíritu es tener palabra de Cristo habitando ricamente en la congregación. Palabra y Espíritu van, pues, juntos. Por eso el apóstol nos dice que nadie puede confesar que "Jesús es el Señor" sino por el Espíritu Santo (1 Co 12:3). La palabra de Dios sin el Espíritu de Dios cae en oídos sordos y no despierta la fe en nuestros corazones. Y la conexión va en ambos sentidos: si el Espíritu Santo no nos hubiera dado la palabra de Cristo a través de los profetas y los apóstoles, no tendríamos ningún Cristo en el que creer y, por tanto, ninguna fe que confesar, y el propio Espíritu de Cristo estaría lejos de nuestros corazones. De este modo, la fe misma, junto con Cristo, a quien recibimos por la fe, y el Espíritu que suscita nuestra fe, es el don de Dios.

---

[38] El término griego *theopneustos* deriva de la misma raíz que la palabra para "aliento" o "espíritu" (*pneuma*), que también forma parte del nombre "Espíritu Santo". La misma conexión es visible en la forma en que la palabra "inspiración" se deriva de la palabra "espíritu".

# En una sola iglesia, santa, católica y apostólica

Al igual que el segundo artículo, el tercer artículo del credo puede dividirse en dos partes. Tal como el punto de división del segundo artículo es cuando cambia de la divinidad de Cristo a su humanidad, el punto central del artículo tercero es cuando pasa del ser divino del Espíritu Santo a su obra entre nosotros, los seres humanos. El lugar central de su actuación es la iglesia, el cuerpo de Cristo. Él es el Espíritu del cuerpo de Cristo, dándole vida en Cristo a través de la palabra del evangelio. No hay vida espiritual para los cristianos al margen de este cuerpo, como tampoco una mano o un ojo humanos pueden ser una mano o un ojo vivos al margen de un cuerpo humano (1 Co 12:21). Separados de la vida del cuerpo, estamos separados de Cristo, su cabeza; nos marchitamos y morimos como los sarmientos cortados de la vid (Jn 15:16). Porque todos los dones espirituales de los cristianos no se dan para uso privado, sino para la edificación del cuerpo de Cristo (Ef 4:12). El credo describe el cuerpo de Cristo con cuatro adjetivos que han pasado a llamarse las cuatro "marcas" distintivas de la iglesia.

En primer lugar, la iglesia es *una*, porque "nosotros, que somos muchos, somos un cuerpo en Cristo" (Rm 12:5). Es un solo cuerpo con una sola cabeza, Jesucristo, del cual todos los miembros se nutren y se unen y crecen hasta llegar a ser algo glorioso (Col 2:19), tomando su vida de Cristo mismo, como sarmientos de una sola vid (Jn 15:5), compartiendo una variedad de dones, pero un solo Espíritu (Ef 4:4).

En segundo lugar, la iglesia es *santa*, apartada solo para Cristo, y, por tanto, santificada por el Espíritu Santo. Aunque no es perfecta, es la comunidad que el Señor mismo está perfeccionando por el don de su Espíritu, para que al final pueda presentársela a sí mismo como una novia gloriosa, suya para siempre, inmaculada y santa (Ef 5:26, 27).

En tercer lugar, la iglesia es *católica*, que viene de un término griego que significa "universal". Hay muchas congregaciones locales del cuerpo de Cristo, pero un solo cuerpo en todo el mundo. Por tanto, la catolicidad de la iglesia es el resultado de su unidad. Dado que los heréticos se separan de esta unidad y crean divisiones y facciones (1 Co 11:18, 19), "católico" también ha llegado a tener el significado secundario de "ortodoxo", de un término griego que significa fe y enseñanza sanas. Decir que una enseñanza es católica, con "c" minúscula, es lo mismo que decir que es ortodoxa.

En cuarto lugar, la iglesia es *apostólica*, porque el evangelio por el que nos salvamos (1 Co 15:1, 2) es la fe que Dios dio al mundo mediante la predicación de los apóstoles. Como dice el apóstol Pablo: "Así predicamos y así creyeron ustedes" (1 Co 15:11). Puesto que la predicación de los apóstoles, al igual que las palabras de los profetas de antaño, nos llega ahora en la Sagrada Escritura, llamar a la iglesia "apostólica" es la forma que tiene el credo de decir que es bíblica. La fe de la iglesia es el don del Espíritu Santo que inspiró tanto a los profetas como a los apóstoles y, por tanto, a toda la Escritura para nuestro aprendizaje y para la edificación del cuerpo de Cristo.

# Confesamos un solo bautismo para el perdón de los pecados

La palabra "bautismo" deriva de una palabra griega que significa sumergir o mojar, y que puede utilizarse para describir la inmersión del dedo en un poco de agua (Lc 16:24) o un bocado de comida en una salsa (Jn 13:16). Ser bautizado es ser mojado o sumergido en agua en el nombre del Padre, del Hijo y del Espíritu Santo, de acuerdo con el mandato y la institución de nuestro Señor (Mt 28:19).

El verbo adecuado en esta frase es "confesar", no simplemente "reconocer", como en algunas traducciones. En griego y también en latín, es la misma palabra que se usa para confesar el credo o confesión de la fe. Ya hemos visto, en la discusión de "Creemos", cómo la confesión de la fe está enraizada en la confesión bautismal. Aquí, el credo, en un acto de reflexión, convierte la propia confesión bautismal en un artículo de fe, en algo en lo que creer. Creer en Cristo incluye creer en el bautismo en el nombre del Padre, del Hijo y del Espíritu Santo, y confesar la fe de Cristo es confesar que la confesión bautismal es una confesión de la verdadera fe.

Hay un solo bautismo porque hay una sola iglesia católica en todo el mundo basada en la fe enseñada por los apóstoles. El apóstol Pablo hace la conexión fundamental cuando habla de "un solo Señor, una sola fe, un solo bautismo" (Ef 4:5). La única iglesia tiene una sola fe porque solo tiene un Señor en el que creer y bautizarse. El que cree debe ser bautizado (Mc 16:16) para ser sepultado con Cristo y resucitar con él (Col 2:12) para caminar en una vida nueva con él (Rm 6:4). Es el mismo bautismo dondequiera que sea el mismo Señor, así que es un solo bautismo, no un bautismo diferente en diferentes iglesias, como si las diferentes congregaciones del único cuerpo de Cristo tuvieran, cada una, una cabeza diferente. El credo conecta el bautismo con el perdón de los pecados porque conecta el bautismo con Cristo. El bautismo es un rito de iniciación que marca el día en que nos convertimos plenamente en miembros del cuerpo, perteneciendo a Cristo y no a

Adán (Rm 5:12). La antigua práctica del bautismo, como vimos en la discusión de "Creemos", se asemejaba a una ceremonia en la que uno se incorporaba al ejército. Ser bautizado era como renunciar a su antigua vida de civil y comprometerse a compartir las responsabilidades, tareas y peligros de un soldado que pertenece a Cristo para el resto de sus días. Pero esto también significa compartir la gracia de Cristo, su resurrección y el perdón de los pecados.

Porque no solo nuestra vieja vida es sepultada con Cristo en el bautismo, sino que recibimos una vida nueva, al ser resucitados con él mediante la fe en la obra de Dios (Col 2:12). De ahí que la Escritura llame al bautismo un "lavado de renacimiento" y lo conecte con "la renovación del Espíritu Santo" (Tt 3:5). En esta nueva vida en Cristo, nos hacemos partícipes de todo lo que le pertenece, incluyendo el perdón de los pecados, la justificación, la santificación, la redención y la vida eterna (1 Co 1:30). El bautismo no es una garantía automática, como tampoco el ingreso en el ejército garantiza que uno sea un buen soldado. Pero es el comienzo indispensable, que te marca para toda la vida.

# Esperamos la resurrección de los muertos

En su resurrección, nuestro Señor Jesús es "las primicias de los que durmieron" (1 Co 15:20), el principio de una cosecha que incluirá a todos los que ahora "duermen en el polvo de la tierra" (Dn 12:2), como semillas en la tierra (Jn 12:24, 1 Co 15:36, 37). Porque, así como en Adán todos mueren, también en Cristo todos serán vivificados (1 Co 15:22). La resurrección de Jesús es la derrota de la muerte, el último enemigo, que el Señor pone bajo sus pies, como se promete en el Salmo 110:1 (véase 1 Co 15:25, 26). No se trata simplemente de la vida después de la muerte, sino de deshacer la muerte. Como nuestro Señor, no seremos fantasmas, sino seres humanos vivos. Porque al subir al cielo no dejó su carne, como si su encarnación hubiera terminado. Como dijeron los ángeles a sus discípulos cuando se quedaron mirando al cielo tras él: volverá por el mismo camino por el que se fue (Hch 1:11), es decir, todavía en carne, como el Hijo del Hombre sobre las nubes del cielo que significan su gloria (Hch 1:9). Esta es la carne de nuestro sumo sacerdote con el poder de una vida indestructible (Hb 7:16), porque es la carne de Dios mismo; y es la garantía de que nuestra resurrección también será para la vida eterna, una resurrección de carne que no muere más, porque se le da vida por la carne vivificante de Cristo.

Lo esperamos con expectación, aguardándolo con esperanza. Es la esperanza de lo que aún no vemos (Rm 8:24), porque nuestra vida está actualmente oculta con Cristo en Dios (Col 3:3) y lo que somos realmente aún no aparece al ojo humano. Pero sabemos que cuando él aparezca desde el cielo, seremos como él (1 Jn 3:2). No seremos almas incorpóreas, sino seres humanos vivos revestidos de vida eterna. El apóstol nos enseña que esta carne corruptible nuestra se vestirá de incorrupción como un vestido, y este cuerpo mortal se revestirá de la inmortalidad de Cristo (1 Co 15:53). Como hemos visto, la "corrupción" de la que somos preservados es nombrada por un término griego que puede referirse a todo lo que se arruina o enferma, o se pudre y decae como un cuerpo en la tumba. Así que la resurrección de la carne es la superación de toda la corrupción y la curación de todos los daños. Porque en este tabernáculo terrenal de carne corruptible ahora gemimos con el deseo de la morada incorruptible preparada en el cielo para nosotros (2 Co 5:1-5), escondidos con Cristo a la derecha de Dios. No anhelamos quedar desnudos, sino revestirnos de la gloria de esta morada celestial, que ha de descender con Cristo por nosotros, para que lo mortal sea absorbido por la vida.

# Y la vida de la era venidera

El credo utiliza esta frase como equivalente a la frase bíblica más compacta que regularmente se traduce como "vida eterna". "Eterno" traduce el adjetivo griego *aionios*, que se basa en el sustantivo griego *aion*, que significa "edad". Este sustantivo llega al español (a través del latín) como la conocida palabra eón. Así que "la vida eterna", si la traducimos hiperliteralmente, es algo así como "la vida de las edades" o "la vida de los eones". A lo que la frase se refiere específicamente es a la era que comienza cuando Cristo se revela en la gloria de su reino eterno. En ese nuevo *aion*, la edad que ha de venir, recibimos de nuestro Señor una vida que es *aionios*, eterna a través de todas las edades (Mc 10:30).

En siglos anteriores, la traducción común de esta frase era "la vida del mundo que viene". Esto se debe a que hace cuatrocientos años la palabra "mundo" a menudo significaba "edad", como vimos anteriormente.[39] "El mundo venidero" era, por tanto, una forma antigua de decir "la edad que viene", y "mundo sin fin" (utilizado al final de muchas oraciones) trasladaba una frase bíblica que ahora podría traducirse como "por los siglos de los siglos".

El Nuevo Testamento contrasta con frecuencia "el siglo venidero" con "este" siglo, que puede llamarse "el presente siglo malo" (Gl 1:4), porque es la edad del pecado y de la muerte. "Los hijos de este siglo" (Lc 20:34) deben casarse y ser casados, porque la edad de la muerte es también la edad de los nacimientos, ya que los seres humanos necesitan formar familias para reproducirse y reemplazar a los muertos. Pero Jesús dice: "Pero los que son tenidos por dignos de alcanzar aquel siglo y la resurrección de entre los muertos" son diferentes, pues ya "no pueden morir" (Lc 20:35, 36). Por eso continúa diciendo que "son como ángeles" (Lc 20:36). Siguen siendo de carne humana, pero se

---

[39] Véase la discusión de "que fue engendrado por el Padre antes de todas las edades", así como las explicaciones de C. S. Lewis en *Studies in Words*.

asemejan a los ángeles al ser inmortales; son "hijos de la resurrección" (Lc 20:36) y tienen la vida eterna del siglo venidero.

Una época en la que "ya no habrá muerte" (Ap 21:4) es algo fundamental e inimaginablemente nuevo, y la novedad afecta a algo más que a la carne humana. En Cristo, el Creador se ha convertido también en una criatura, un ser material, que en su propia persona une el cielo y la tierra en una paz eterna. El arcoíris en las nubes es su precursor, que se arquea de la tierra al cielo y viceversa en señal del pacto que el Señor hace con la propia tierra y con todo ser viviente que la habita (Gn 9:13). En Cristo, un nuevo cielo y una nueva tierra están en camino en cumplimiento de este signo, porque cuando el Creador es una criatura, la creación misma se convierte en algo nuevo. "He aquí que hago nuevas todas las cosas", dice el Señor que está sentado en el trono del cielo (Ap 5). Porque las primeras cosas han pasado, todo el dolor y la tristeza y el llanto, y Dios enjugará toda lágrima de sus ojos (Ap 21:4). La nueva era de la creación es cuando la ciudad santa, la nueva Jerusalén, desciende del cielo como una novia engalanada para su novio, para que el Señor, en su tienda de carne, habite entre nosotros y sea nuestro Dios, y todos seamos su pueblo (Ap 21:2, 3). Veremos su rostro (Ap 22:4), el rostro humano de Cristo transfigurado, en el que contemplaremos la gloria de Dios (2 Co 4:6).

La vida del siglo venidero es la vida eterna, pues participa de la vida indestructible del Hijo unigénito de Dios, cuyo reino no tiene fin. Voces en el cielo claman en voz alta diciendo: "El reino del mundo ha venido a ser el reino de nuestro Señor y de su Cristo. Él reinará por los siglos de los siglos" (Ap 11:15). El griego aquí es la frase "por las edades de las edades", a menudo traducida como "por los siglos de los siglos" en las doxologías del Nuevo Testamento que alaban la gloria de Dios (por ejemplo: Gl 1:5, Flp 4:20, 1 Tm 1:17, 1 P 4:11, Ap 5:13). Así que todos los que viven en Cristo también reinarán en vida (Rm 5:17) como reyes y reinas por los siglos de los siglos (Ap 22:5). Al igual que el "cielo de los cielos", "edades de las edades" es una frase que utiliza un patrón de duplicación —común en hebreo— para transmitir lo que es superior y superlativo en grado. Así como el cielo de los cielos es un lugar que está por encima y más allá de todos los lugares del mundo, las edades de las edades son la trascendencia que supera todas las edades del tiempo. Esto es lo que nos llega cuando Cristo viene en gloria, el Hijo del Hombre sobre las nubes del cielo.

# AMÉN

Una hermosa palabra hebrea. Significa "verdad". La usamos después de la confesión de fe para decir: sí, es así.

También puede expresar un deseo: que así sea, que la promesa se cumpla y se haga realidad.

Amén. Así pues, ven Señor Jesús.

# EPÍLOGO
## La Trinidad en términos sencillos

La doctrina de la Trinidad se refiere al Dios en cuyo nombre somos bautizados: el Padre, el Hijo y el Espíritu Santo. El misterio que revela tiene como núcleo el engendramiento eterno del Hijo y la procesión eterna del Espíritu. Los términos técnicos necesarios para explicar con precisión la lógica de la doctrina, como *ousía*, hipóstasis y *persona*, han demostrado ser indispensables, pero no constituyen el núcleo de la doctrina. Menos importante aún es hablar de que Dios es "tres en uno", lo cual es una bonita pieza retórica, pero no es esencial para la doctrina en sí misma. El credo nunca utiliza la palabra "tres", y se puede ser un perfecto cristiano niceno, bien instruido en la doctrina de la Trinidad, sin haber oído nunca que Dios es "tres en uno".

Por eso, la etiqueta "Trinidad", por muy útil que sea, no es esencial para la doctrina de la Trinidad. Lo esencial es la fe en Dios —Padre, Hijo y Espíritu Santo— que se confiesa en el credo. Por lo tanto, ningún predicador tiene que sentirse desconcertado, como sucede a menudo en el "Domingo de Trinidad", por la imposibilidad de explicar cómo Dios es tres en uno. Se puede enseñar la doctrina de la Trinidad sin molestarse nunca con la palabra "tres".

Lo que sí es útil es entender algo de la lógica de la doctrina de la Trinidad. Al fin y al cabo, es una doctrina, lo que significa que es algo que debe enseñarse (del latín *doctrina*, "enseñanza"). Tiene una lógica, ya que no se trata de una especie de galimatías sobre la trinidad y la unidad, sino de la enseñanza cristiana que da sentido a la forma en que las Escrituras cuentan la historia de Dios Padre, Jesús, el Hijo de Dios, y el Espíritu Santo. Esta lógica se puede exponer en un lenguaje sencillo, sin terminología técnica.[40]

---

[40] Aquí repito una explicación que di en *Good News for Anxious Christians* (Brazos Press, 2010), 184-147, así como en *The Meaning of Protestant Theology* (Baker Academic, 2020), 312-14. Pero no es realmente mi explicación, porque la aprendí a partir de pasajes de Agustín, especialmente en *Sobre la Trinidad* 8:1.1 y *Sobre la doctrina cristiana*: 1.4.5.

Los fundamentos de la lógica pueden establecerse en siete declaraciones, que aprendí de Agustín. Una vez que los aprenda, puede enseñar a alguien los fundamentos de la doctrina de la Trinidad en menos de dos minutos (lo he hecho más de una vez). Se empieza con un trío de afirmaciones sobre quién es Dios:

1. El Padre es Dios
2. El Hijo es Dios
3. El Espíritu Santo es Dios

A continuación, añade un trío de negaciones, para distinguir cada una de las otras (para recordar cómo va: avanza de la primera persona a la segunda, luego de la segunda a la tercera, y vuelve al final a la primera persona):

4. El Padre no es el Hijo
5. El Hijo no es el Espíritu Santo
6. El Espíritu Santo no es el Padre

Luego, para rematar, añade el monoteísmo:

7. Solo hay un Dios

Como puede ver, la palabra "tres" no es necesaria, pero la palabra "uno" es esencial. Los paganos pueden decir que Júpiter es un dios y que Venus es una diosa y que Apolo es un dios, pero acaban teniendo tres dioses. La doctrina de la Trinidad es diferente, porque literalmente no tiene sentido. Se podría decir que tiene una lógica sin aritmética (que, por cierto, es bastante común en la lógica formal moderna). Es una lógica que da sentido a la forma en que la Biblia cuenta historias sobre Dios: cómo Cristo Hijo, por ejemplo, se sienta a la derecha del Padre y derrama el Espíritu Santo en Pentecostés (Hch 2:33). O cómo es que podemos decir que Dios murió en una cruz (porque el Hijo es Dios), pero no que el Padre murió (porque el Padre no es el Hijo).

Por supuesto, hay mucho más que decir sobre la Trinidad que estas siete afirmaciones. Esto es solo la base lógica. Para ponerle carne a estos huesos hay que hacer cosas como enseñar el credo y predicar el evangelio y contar la historia de Dios tal y como la cuentan las Escrituras. Sin embargo, hay muchas cosas en la lógica básica que se pueden poner de manifiesto indicando dónde entran los términos técnicos. Supongamos que se hace una pregunta sobre la afirmación 2, preguntando si Jesús, el Hijo, es realmente Dios del mismo modo que lo es el Padre. El *homoousios* está ahí en el credo para dar una respuesta clara a esa pregunta: sí, el Hijo es Dios exactamente en el mismo sentido que el Padre, teniendo el mismo ser o esencia divina que el Padre. O supongamos que alguien se pregunta si Jesús es parte de Dios. Usted podría señalar, según la segunda afirmación, que no es parte de Dios, sino que es Dios. Y del mismo modo, el Espíritu Santo que no es parte de Dios o un aspecto de Dios; es Dios. Cada persona de la Trinidad es un ser individual completo, una hipóstasis. Los términos técnicos aclaran aquí las cosas, descartando ciertos malentendidos. Sin embargo, si usted no es propenso a tales malentendidos, las siete sencillas afirmaciones son suficientemente claras. No hace falta mucho vocabulario técnico ni palabras rebuscadas para entender lo esencial. Los términos importantes son las palabras "Dios", "uno" y, lo más importante, el triple nombre en el que somos bautizados: el Padre, el Hijo y el Espíritu Santo. Con un poco de ayuda del credo, podemos ver cómo la doctrina de la Trinidad incluye ligeras variaciones del triple nombre que se encuentra a lo largo de la Biblia y del culto cristiano. Por ejemplo: cuando llegamos al final de un tiempo de enseñanza, confesión y alabanza, podemos concluir con palabras de bendición como: "La gracia del Señor Jesucristo, el amor de Dios y la comunión del Espíritu Santo estén con todos ustedes" (2 Co 13:14).